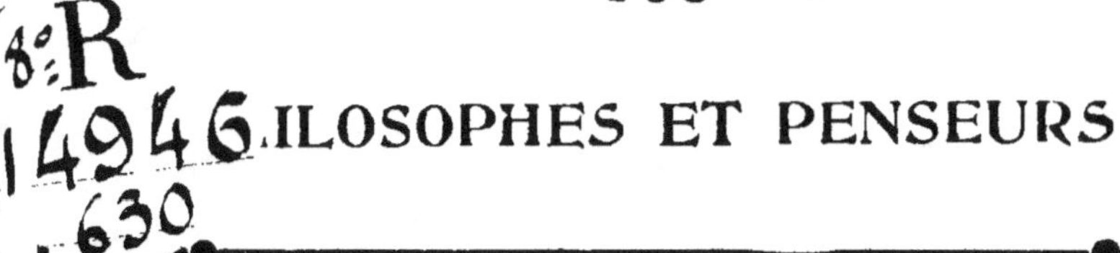

PHILOSOPHES ET PENSEURS

J.-E. FIDAO-JUSTINIANI

Pierre Leroux

(1797-1871)

BLOUD & Cie

S. et R. 630

PIERRE LEROUX

(1797-1871)

PAR

J.-E. FIDAO-JUSTINIANI

PARIS

LIBRAIRIE BLOUD & Cie

7, PLACE SAINT-SULPICE, 7

1 ET 3, RUE FÉROU. — 6, RUE DU CANIVET

1912

Traduction et Reproduction interdites.

DU MÊME AUTEUR

Le Droit des Humbles. — La politique sociale. — Les Prophètes et la Loi. — Saint-Simon. — Les Saint-Simoniens. — Auguste Comte. — Lamartine. — Buchez., 1 vol. in-16, Perrin, *(Couronné par l'Académie)*.

Le Mariage de Don Juan, roman. 1 vol. in-16, Perrin.

MÊME COLLECTION

AVANT-PROPOS

Parmi les « vieilles barbes » de 1848, et dans la légion d'hiérophantes que vit naître et fleurir cette étrange époque, Pierre Leroux tient un rang d'honneur. Moins original que son maître, Henri de Saint-Simon, et que Proudhon lui-même, il les passe tous deux par sa capacité d'assimilation. Il a parcouru successivement toutes les régions de la pensée, un peu au hasard il est vrai, et sans méthode, mais armé de ce « flair » qui parfois supplée, avec avantage, les ordinaires instruments de la recherche. Il a fait, dans certains domaines, un assez long séjour, et, par exemple, il possédait mieux qu'homme de son siècle cette philosophie alexandrine, si curieuse et si profonde, si dangereuse aussi par son flottement, et par son horreur des solutions franches, des distinctions et des limites.

Au reste, ce n'est pas sans raison que Leroux s'attarda chez les Alexandrins. Il est de leur famille ; il a leurs qualités et leurs défauts, et Plotin ou Ammonius l'eussent avoué pour disciple. Mais comme tel, Leroux est un précurseur ; car il annonce, et même il fait mieux qu'annoncer cet autre Alexandrin, qui fait fortune parmi nous : Henri Bergson.

Précurseur, Leroux l'est encore à divers titres. Avec tous les Saint-Simoniens, il peut revendiquer l'honneur d'avoir amorcé ce grand mouvement qui tend, d'accord avec la tradition chrétienne, à ramener au premier plan des préoccupations publiques le souci du bien-être ou du « mieux-être » des petits.

Je ne sais si c'est un honneur, pour notre philosophe, d'avoir prêché, un des premiers, cette morale assez folâtre qui, sous le nom de *solidarité*, traîne aujourd'hui chez les apothicaires et les Diafoirus de la démocratie. Il est vrai que cette pillule, inoffensive en elle-même, n'a pas laissé de déranger, ou d'amollir, la cervelle de quelques-uns ; et c'est qu'à tout prendre rien n'est inoffensif, de ce qui détourne l'esprit des voies communes et des réalités solides. Quoi qu'il en soit, Leroux a cru sincèrement qu'étant « solidaires », les hommes ne pouvaient manquer d'être aussi « moraux ». Il faut excuser, sinon partager, cette belle candeur, dont notre philosophe était redevable, en partie, à son milieu.

Et en effet, cette pléiade d'écrivains de second ou de troisième ordre, qui firent avec Lamartine, et à son ombre, la campagne de Février, ne manquaient certes ni de science ni de talent (1) ; mais

(1) On les a, manifestement, trop maltraités. Comme ils prêtaient, par de certains côtés, au ridicule, on a méconnu leur mérite. Lire, à cet égard, dans Georges Goyau, *Autour du Catholicisme social*, 1ʳᵉ série, le chapitre sur les Saint-Simoniens. On pourra consulter aussi notre livre : *Le Droit des Humbles* (Perrin).

ils furent tous, en un sens, de grands enfants. Sur le but à atteindre, ils eurent d'assez belles vues, et des pressentiments heureux ; mais ils se méprirent complètement sur les moyens ; ils ne surent pas, non plus, discerner le possible d'avec l'impossible (1). Leur science, toute théorique, et d'ailleurs mêlée, ne les put soutenir, et accréditer, dans la carrière politique. L'œuvre qu'ils avaient entreprise apparut vite au-dessus de leurs forces ; elle était du reste au-dessus des forces de l'humanité.

La candeur, chez un homme mûr, est toujours un travers ; mais de tous les travers, il n'en est point de plus incompatible avec les qualités qui font l'homme d'Etat. Leroux, dans l'article *Arianisme* de l'*Encyclopédie Nouvelle,* rapporte la superbe lettre de Constantin à Alexandre et à Arius ; mais dans le commentaire qu'il en donne, il montre qu'il n'en a senti ni la force ni la portée. Il fait un grief à cet empereur de considérations qui prouvent, au contraire, sa clairvoyance et son grand talent d'administrateur. Le positivisme romain est la chose du monde à quoi Leroux et ses amis se pouvaient le moins ajuster. La nature qui leur avait prodigué ses dons, leur en avait refusé un : le don de vieillir. Ils restèrent jusqu'à leur mort magnifiquement jeunes, et ne soupçon-

(1) Il faut, à cet égard, mettre à part Enfantin. Cf. *Le Droit des Humbles,* p. 141.

nèrent jamais l'espèce de scandale qu'était pour tous leur vieillesse innocente.

Je ne crois pas qu'il y ait lieu de reviser, dans sa teneur entière, le jugement qu'on a porté sur eux ; car après tout, ils manquaient de ce « sens romain » sans lequel, qu'on le sente ou non, on n'est que la moitié d'un homme. Aussi bien, lorsque Ferdinand Brunetière me demanda l'étude que je donne ici (1), il avait bien le sentiment que Leroux n'était pas un écrivain ni un penseur « classique » ; mais il savait, pour avoir feuilleté son œuvre, qu'elle était pleine d'intérêt. Et en effet, Leroux, quelque irrégulier qu'il fût, se portait d'instinct, dans les questions qu'on agitait autour de lui, aux plus troublantes, et dans chacune d'elles, au point magnétique. Sa passion éveillait sa verve érudite, et l'on conçoit, dès lors, qu'il eût des idées à ne savoir qu'en faire ; il lui en sortait, si je l'ose dire, de toutes les poches, et elles étaient les unes plus intéressantes que les autres. Que dans le nombre, il y en eût de saugrenues, et de divertissantes, rien de moins douteux. Mais enfin, tel qu'il était, Leroux ne laissait pas d'être estimé de Sainte-Beuve, qui l'appelait sa « vache à lait ».

(1) Elle a paru dans la livraison du 15 mai 1906 de la *Revue des Deux Mondes*. Je l'ai remaniée et mise au point.

BIBLIOGRAPHIE

Louis Reybaud, *Etudes sur les Réformateurs modernes*.

Sainte-Beuve, *Causeries du Lundi*, tomes VI et XI. — *Portraits littéraires*, tomes I et II. — *Portraits de Femmes*, p. 109.

George Sand, *Correspondance*. — *Histoire de ma vie*.

Louis Blanc, *Pages d'histoire de la Révolution de Février*.

Daniel Stern, *Histoire de la Révolution de 1848*.

Henri Heine, *Lutèce*.

Renan, *Souvenirs d'enfance et de Jeunesse*.

Paul Janet, *La philosophie de Pierre Leroux*. (*Revue des Deux Mondes*, 15 avril 1899.)

Emile Faguet, *Le Gaulois*, 25 février 1896.

P.-Félix Thomas, *Pierre Leroux*, in-8°, Paris, 1904. (La partie de ce livre relative à la *vie* de P. Leroux est excellente et consciencieuse à souhait).

PIERRE LEROUX [1]

(1797-1871)

CHAPITRE PREMIER

L'Œuvre et l'homme.

Avec la meilleure volonté du monde, on n'eût point découvert dans tout Paris, — pour perpétuer convenablement le nom et la réputation un peu particulière de Pierre Leroux, — une autre rue que la *rue Pierre Leroux*. Elle traîne, ainsi qu'une chose ancienne et délabrée, à la limite du faubourg Saint-Germain, dont elle dépend par l'une de ses extrémités, débouchant de l'autre en plein quartier populaire, en pleine foire aux plaisirs ; mais plaisirs de qualité très spéciale sans doute, que débitent au comptant fruitiers et maraîchers, épiciers et marchands de vin, gargotiers et rôtisseurs. A cette menue plèbe, espoir de l'avenir, Pierre Leroux, à l'instar de la rue qui porte son nom, ménage des points de contact avec les représentants du passé. Il s'ingénie à « retrouver

---

(1) Pierre LEROUX, *Réfutation de l'Eclectisme*, 1839. — *De l'Humanité*, 2 vol., 1840. — *Discours sur la situation actuelle de la société et de l'esprit humain*, 2 vol., 1841. — *D'une Religion nationale ou du culte*, 1846. — *De l'Egalité*, 1848. — *Du christianisme et de son origine démocratique*, 1848. — *Malthus et les économistes*, 1849, etc. — Articles nombreux dans le *Globe*, la *Revue Encyclopédique*, l'*Encyclopédie Nouvelle*, la *Revue Indépendante*, la *Revue Sociale*. Voir aussi deux articles dans la *Revue des Deux Mondes*, 1ᵉʳ décembre 1835 et 15 février 1836.

les titres de la doctrine moderne de liberté, d'égalité
et de fraternité dans la profondeur des traditions » ;
et c'est sa méthode de tout conserver, pour tout expliquer, concilier et développer.

D'aussi vastes projets appellent une culture encyclopédique, et celle de Pierre Leroux, qui n'est
pas toujours exacte ni puisée aux sources, témoigne
néanmoins d'un prodigieux effort pour tout embrasser,
— je veux dire les ordres de connaissance les plus
divers, — et pour tout retenir. Ajoutez à cela une pensée
très défiante, non d'elle-même, ce qui serait faiblesse,
mais des opinions reçues, accréditées, passées en
maximes dans les milieux officiels et les gazettes
officieuses ; défiance, au demeurant, qui lui tint lieu
d'originalité, et qui l'amena à deux pas du génie, tant
ce qu'il s'agissait, pour lui, de mettre en pièces, — et
qui n'avait, de la solidité, que l'apparence, — s'affi-
chait avec prestige et s'épuisait en prouesses pour en
faire accroire.

Et cependant, ni Victor Cousin, ni MM. Guizot et
Duchâtel, — pour ne citer que les adversaires de
marque, — n'ont prêté, semble-t-il, la moindre attention aux *essais* de ce gueux que fut toujours Pierre
Leroux, ni manifesté le souci de se défendre autrement qu'en feignant de les ignorer. Et peut-être
MM. Guizot et Duchâtel les ignoraient-ils effective-
ment, mais non pas Victor Cousin. Maint passage
du traité : *Du vrai, du beau et du bien,* témoignerait,
au besoin, en faveur de ce qui est notre conviction
absolue, à savoir, que le grand *impresario* de l'éclectisme ignorait si peu les travaux de Pierre Leroux,
qu'il s'en est inspiré plus d'une fois au cours de ses
variations successives.

Ce fut, au reste, la destinée de Leroux d'être pillé. Sainte-Beuve l'appelait familièrement « sa vache à lait », et Dupont-White, qui aimait à s'exprimer sans fard, donnait son signalement en ces termes : « Un des écrivains de ce temps qu'on peut dévaliser avec le plus de fruit et d'impunité. » C'était aussi le sentiment de George Sand, qui sut mettre à profit, comme chacun sait, et royalement exploiter les idées du philosophe. Elle le reconnaissait, d'ailleurs, avec une bonne grâce parfaite : « Il faut bien que je vous le dise, écrivait-elle le 14 février 1844 à un M. Guillon, George Sand n'est qu'un pâle reflet de Pierre Leroux, un disciple fanatique du même idéal, mais un disciple muet et ravi devant sa parole, toujours prêt à jeter au feu toutes ses œuvres, pour écrire, parler, penser, prier et agir sous son inspiration. Je ne suis que le vulgarisateur à la plume diligente et au cœur impressionnable, qui cherche à traduire dans des romans la philosophie du maître. Otez-vous donc de l'esprit que je suis un grand talent. Je ne suis rien du tout, qu'un croyant docile et pénétré.

« D'aucuns, comme on dit en Berry, prétendent que c'est l'amour qui fait ces miracles. L'amour de l'âme, je le veux bien, car, de la crinière du philosophe, je n'ai jamais songé à toucher un cheveu, et n'ai jamais eu plus de rapports avec elle qu'avec la barbe du Grand Turc.

« Je vous dis cela pour que vous sentiez bien que c'est un acte de foi sérieux, le plus sérieux de ma vie, et non l'engouement équivoque d'une petite dame pour son médecin ou son confesseur. »

D'autres témoignages, non moins caractéristiques, paraîtront-ils peut-être plus autorisés que celui de Mme Sand ?

Sainte-Beuve, qui regrettait que l'ancien *Globe,* —
celui d'avant 1830, — fît à Pierre Leroux « une posi-
tion bien inférieure à ses rares mérites et à sa portée
d'esprit », se plut à attirer l'attention de ses contemporains sur le philosophe, « une des natures de penseur, disait-il, les plus puissantes et les plus ubéreuses
d'aujourd'hui. » C'est en 1833 que Sainte-Beuve
écrivait ces lignes. Lamartine, vers la même époque,
se laissait aller à prédire « qu'un jour on lirait Pierre
Leroux comme on lit le *Contrat social* ». Louis
Blanc, dans son *Histoire de dix ans,* parue en 1843,
mentionne Leroux, et il l'y traite de « penseur émi-
nent » et de « grand écrivain ». Le même auteur rappelait plus tard (en 1850) les titres de Leroux à la
reconnaissance du prolétariat : « Ses écrits, ajoutait-il,
l'ont fait depuis longtemps connaître à toute l'Europe
comme un des plus vigoureux penseurs et des plus
magnanimes philosophes de ce siècle. » Ce témoignage de l'écrivain socialiste acquiert une réelle
valeur si on le rapproche de ce qu'Henri Heine écrivait à la *Gazette d'Augsbourg* en date du 2 juin 1842 :
« Un des plus grands philosophes de France, affirmait
Heine, est sans contredit Pierre Leroux. » Nous savons
aussi que Stuart Mill, en Angleterre, l'estimait fort.

Remarquez qu'en France même, avant que la Révolution de 1848 ne l'eût en quelque sorte « déclassé »
et déconsidéré pour un temps qui dure encore, la
réputation de Leroux prenait racine, et dans plus d'un
milieu. Ses démêlés avec Cousin tenaient en haleine
les séminaristes d'alors ; Renan l'atteste dans ses
Souvenirs de jeunesse : « M. Cousin nous enchan-
tait, dit-il ; cependant Pierre Leroux, par son accent
de conviction et le sentiment profond qu'il avait des

grands problèmes, nous frappait plus vivement encore. » Parallèlement aux séminaristes, les femmes s'agitaient. Mmes d'Agoult, Sand et Marliani se passaient le doux prophète, espérant on ne sait quel nouvel Évangile pitoyable aux Samaritaines. Ces succès « féminins » donnaient quelques inquiétudes aux amis de l'autre sexe. « Notre métaphysicien, écrivait Béranger le 28 juillet 1840, s'est fait un entourage de femmes à la tête desquelles sont Mmes Sand et Marliani, et c'est dans des salons dorés qu'il expose ses principes religieux et ses bottes crottées. Tout cet entourage lui porte à la tête, et je trouve que sa philosophie s'en ressent beaucoup. »

L' « entourage » dont médisait Béranger fut pourtant, aux heures critiques, une ressource pour le philosophe. Affligé d'une détresse chronique et père de quelque dix enfants, il eut recours à ces dames, qui lui vinrent en aide, plus d'une fois, de leurs propres deniers. Il avait cette sorte de fierté qui fait qu'on accepte certains présents parce qu'on les tient pour dus. Tout bien considéré cependant, il n'eut jamais le sens commun, si l'on entend par là qu'il gaspilla des facultés rares, ne sut aménager ni une œuvre, ni sa propre existence, essayant de divers métiers sans en adopter proprement aucun, tour à tour ou simultanément ouvrier, journaliste ou législateur, rêvant du progrès indéfini de l'espèce avec fureur, avec enivrement, tandis qu'autour de lui et chez les siens la misère se faisait plus noire, l'avenir plus énigmatique, et l'espoir enfin plus chancelant. Et, sans doute, à rêver une humanité régénérée, on ne perd pas toujours son temps ni sa peine ; c'est même la raison pourquoi l'on pardonne à ces rêveurs obstinés dont on utilise, un jour ou l'autre, les Utopies ou les Apocalypses. Celui-ci fut, au reste, un utopiste de marque, tout près d'être un grand esprit (1), et qui eut la bonne fortune de rencontrer sur son chemin et de bousculer une encombrante et inconsistante idole.

De 1830 à 1848, la France eut une philosophie officielle, l'éclectisme, et une manière de concile ou de consistoire laïque, la section de philosophie du conseil de l'Université. C'était, à côté de l'Église historique qu'elle importunait de sa déférence et dont elle épiait sournoisement la succession, comme une petite Église d'avant-garde, avec un chef très réel et une ombre de symbole, soucieuse avant tout d'être, c'est-à-dire de disposer de la direction des esprits, encore qu'elle ne sût au juste dans quelle voie les engager. A cette puissance outrageusement officielle et forte surtout, semblait-il, par sa situation dans l'État, Pierre Leroux fit une guerre à mort. Dans l'éclectisme, il vit une réputation à abattre beaucoup plus qu'une doctrine à dénoncer ; et cela n'est pas étonnant si l'éclectisme ne fut, en un sens, qu'une manière d'être, de gouverner et de discourir, personnelle à Victor Cousin. Caractériser l'œuvre de ce dernier, montrer comment d'une philosophie inorganique, il sut tirer une apparence de système et quelque chose comme une doctrine d'Etat : telle fut la tâche que se donna tout d'abord Pierre Leroux. Nous en résumerons les résultats dans le chapitre II de cette étude. Dans le chapitre III nous verrons comment, sous l'influence des idées saint-simoniennes et

(1) « C'était un grand esprit, à tout prendre, qu'on ne s'est peut-être jamais donné suffisamment la peine de comprendre. » (E. Faguet, *Le Gaulois*, 25 février 1896.)

des premiers écrits de Lamennais, il en vint à concevoir la nécessité d'une synthèse de toute la connaissance humaine et la haute opportunité d'une religion. Puis, dans le chapitre IV nous exposerons l'essai d'une construction religieuse sur la base de la « solidarité », qui constitue l'œuvre propre ou originale de Pierre Leroux. Enfin dans un cinquième et dernier chapitre, nous essaierons de démêler, dans l'œuvre du philosophe, les parties fortes des caduques, et de ce qui a survécu, ce qui méritait de survivre (1).

(1) Pour éviter toute méprise, je crois devoir avertir le lecteur que dans les chapitres II, III et IV, je ne fais qu'*exposer* la pensée de Leroux, me réservant de la *juger* dans le chapitre V.

CHAPITRE II

Réfutation de l'Eclectisme.

« Les éclectiques, ceux qui, à diverses époques, ont véritablement mérité ce nom, étaient des philosophes dénués de ce qui constitue toute vraie philosophie, savoir, un certain nombre de dogmes liés, enchaînés, et formant une théorie religieuse, morale et politique, plus ou moins complète, c'est-à-dire, en d'autres termes, un système ; des philosophes, en un mot, fort peu philosophes. »

Que si, acceptant la teneur de ces lignes, on en tirait prétexte pour dénier à Victor Cousin le droit de se dire éclectique, on aurait tort ou raison, peu importe, mais on serait aussi loin que possible de la pensée de Pierre Leroux. A dire le vrai, les contemporains de Leroux s'y pouvaient méprendre, car de deux choses l'une : ou Victor Cousin avait un système, et dans ce cas, l'espèce de dictature intellectuelle qu'il exerça dix-huit années durant y trouvait à la fois son principe et son point d'appui ; ou Victor Cousin manquait d'orientation précise, et dans ce cas, l'on s'explique difficilement qu'il ait pu ou seulement prétendu imposer aux esprits une discipline intellectuelle quelconque. Pourtant, si nous en croyons Leroux, la difficulté ne serait ici qu'apparente, car Victor Cousin n'eut point de système, mais il sut se donner l'air d'en avoir un ; et tandis que cette âme sonore articulait, avec l'ampleur que l'on sait, les divers articles de son *Credo,* ceux-là qui l'écoutaient avaient l'impression qu'il disait quelque chose, et que dans l'édifice de ses phrases un système peut-être ou une doctrine, une idée à tout le moins était logée.

De fait, Victor Cousin a remué beaucoup d'idées, mais « il n'a jamais eu, — et c'est la seule chose qui importe, — de ses formules, et de l'usage légitime qu'on en peut faire, la profonde conscience qu'a de ses idées tout inventeur ». Et la chose s'explique aisément. « L'éclectique systématique, écrit Leroux, est un savant qui parle plutôt la philosophie qu'il ne la cultive. Supposez, en effet, un homme obligé d'enseigner la philosophie dans une époque de confusion comme celle de Potamon, ou celle de Juste Lipse, ou la nôtre, avant d'avoir pu se faire par lui-même, par les douleurs et les enseignements de sa propre vie, une philosophie : il se passionnera pour la gloire de tous ces philosophes dont sa voix fait retentir les noms ; il voudra les égaler tous, les surpasser même, émulation très légitime sans doute ; mais leur désaccord l'embarrasse faute de principes qui lui appartiennent ; il ne sait vraiment auquel entendre ; il passe de l'un à l'autre, et porte tour à tour leur costume ou plutôt leur livrée, comme ces savants de la Renaissance dont je viens de parler ; un beau jour, enfin, il s'avise, la lumière a percé la nue, il se fait éclectique par système. »

On n'est pas plus mordant, tout en restant dans la vérité. L'on sait, en effet, qu'à peine âgé de vingt-quatre ans, Victor Cousin suppléa, à la Faculté des

lettres, son maître Royer-Collard, et y enseigna
l'histoire de la philosophie : de cette bonne fortune
extraordinaire, on peut dire que les conséquences
furent incalculables, puisqu'elle décida de l'orientation
de l'enseignement philosophique en France. Victor
Cousin devait rester toute sa vie une manière d'érudit
très curieux des choses philosophiques, remarquable-
ment apte à manier les idées, moins apte à en saisir
le lien, toujours en quête d'un système, parce que
professeur et pédagogue, et se donnant à lui-même,
par un procédé d'auto-suggestion caractérisé, l'illusion d'en avoir un : « l'éclectisme de M. Cousin,
insinuait Leroux, n'est sans doute pas autre chose que
le nom pompeux donné par lui-même à ses variations
successives. »

Lors même que, par une bienveillance insigne, l'on
octroierait d'avance à la pensée de Victor Cousin le
bénéfice de l'unité, le plus sommaire examen de ses
Cours obligerait à en rabattre. « L'homme de notre
temps, troublé jusqu'au fond de son être, demande ce
qu'il faut croire ; il crie en grâce qu'on lui explique
pourquoi, après Descartes, Locke et Condillac,
pourquoi Spinoza et Malebranche, pourquoi Hume,
Berkeley, Leibnitz et Kant, pourquoi Swedenborg et
Baader ; il s'effraie de voir les folies de l'illuminisme
répondre aux abjectes orgies du matérialisme ; il
demande le mot des trois derniers siècles, la fin de ces
tendances, de ces luttes, de ces systèmes contradictoires. Mais si vous ne pouvez pas lui dire ce dernier
mot, lui indiquer cette fin des idées après laquelle il
aspire, ne lui ôtez pas du moins l'espoir que la vérité
existe virtuellement et se manifestera un jour. Car
cette espérance est vraiment tout ce qui reste à celui

qui cherche le beau et le vrai, et qui se sent accablé du poids de tant de systèmes contraires. Eh bien ! c'est précisément cette dernière planche de salut, cette dernière ombre d'espérance que M. Cousin nous enlève de sang-froid et de gaieté de cœur. A la plainte universelle qui s'exhale du sein de notre époque, M. Cousin répond en régularisant, immobilisant, éternisant la lutte des systèmes. »

Vous entendez que l'esprit humain aspire à l'unité, et que de cette aspiration Victor Cousin a tenu compte, mais qu'il a été impuissant à la satisfaire, impuissant aussi à la comprendre. Il a essayé de faire de l'ordre avec du désordre, il a conçu cette chose invraisemblable : « Quatre systèmes divergents nécessaires (1). » Or comment rallier les intelligences autour d'une pareille conception, et n'est-il pas plus naturel qu'elles s'en autorisent pour se fuir réciproquement, ou pour réciproquement se détruire ? Ou plutôt, et « si c'est une nécessité de l'esprit humain de produire toujours ces quatre systèmes, il faut bien s'y résoudre ; et alors, de ces quatre systèmes, le seul qui ait le sens commun, c'est le scepticisme. »

Il est vrai que « l'éclectisme système (2), consistant dans la constatation de quatre systèmes divergents

---

(1) Rappelons que ces quatre systèmes étaient, dans la phraséologie de Victor Cousin, l'idéalisme, le sensualisme, le mysticisme et le scepticisme.

(2) Cf. Victor Cousin, *Du vrai, du beau et du bien*, 1853. Avant-propos, p. III : « On s'obstine à représenter l'éclectisme comme la doctrine à laquelle on daigne attacher notre nom. Nous le déclarons : l'éclectisme nous est bien cher, sans doute, car il est à nos yeux la lumière de l'histoire de la philosophie, *mais le foyer de cette lumière est ailleurs*. L'éclectisme est une des applications les plus importantes et les plus utiles de la philosophie que nous professons, *mais il n'en est pas le principe*. Notre vraie doctrine, notre vrai drapeau est le *spiritualisme*. » — La date (1853) de cette profession de foi est à prendre en considération, si l'on veut donner à la *Réfutation* de Leroux, parue en 1838 dans l'*Encyclopédie nouvelle*, toute sa portée.

nécessaires, est une si énorme absurdité, que ni
M. Cousin, ni ses élèves n'ont pu s'y tenir. Aussi
n'est-ce réellement pas à titre de système, mais plutôt
à titre de *méthode,* que l'on a répété le mot d'éclectisme après M. Cousin... Considéré comme méthode,
l'éclectisme ne supporte pas l'examen. Car pour
choisir entre plusieurs systèmes, il faut avoir un
motif de choisir, c'est-à-dire qu'il faut savoir d'une
certaine façon ce que l'on cherche. M. Cousin lui-même
a reconnu quelque part cette vérité... Malheureuse-
ment pour l'éclectisme de M. Cousin, son système
consistant dans la nécessité de l'existence et du développement de plus en plus large de quatre systèmes
inconciliables puisqu'ils sont nécessaires, il s'ensuit
que M. Cousin est vraiment incompréhensible lorsqu'il
parle de conciliation entre les systèmes. » Sa méthode,
le seul mot qui la traduise fidèlement est celui de
« syncrétisme » ; il n'en est point d'autre, en effet, qui
réunisse et conjugue ces deux choses contraires : la
prétention de M. Cousin de rassembler en un corps
de doctrine les vérités éparses dans les différents
systèmes, et son impuissance à réaliser ce vœu ou
cette prétention.

CHAPITRE III

Nécessité d'une synthèse religieuse.

Au « syncrétisme » cousinien et à l'inconsistant
« éclectisme » Pierre Leroux n'entend ménager ni les
critiques ni les railleries ; il dépense même à ce jeu
beaucoup d'esprit, et il y déploie des qualités peu
communes ; mais il lui répugne de s'y tenir. Son
ambition est d'un ordre assez particulier et fort élevé.
S'il bouscule ou maltraite l'éclectisme, ou s'il en médit
agréablement, il a une excuse : l'éclectisme affadit les
âmes et corrompt les intelligences, pour cette raison
qu'il affecte les allures d'une solution alors qu'il est
tout au plus un compromis, et qu'il installe ou enra-
cine le provisoire où la future synthèse eût pu germer.
Car « il s'agit de synthèse, et non pas d'éclectisme,
prononce hardiment Pierre Leroux ; il s'agit de mettre
un terme aux douleurs intolérables d'une époque où
la philosophie aboutit au doute, la politique à l'individualisme, l'art à l'exaltation de l'orgueil, l'érudition
à la satisfaction d'une vaine curiosité. »

« Voulez-vous, messieurs, vous organiser ? » Inter-
pellés de la sorte par une manière d'inconnu, — il
avait nom Saint-Simon, et l'on était en l'année 1812,
— les membres de l'Institut marquèrent, dit-on,
quelque surprise. Et l'inconnu de reprendre : « Rien
n'est plus facile. Faites choix d'une idée à laquelle

vous rapportiez toutes les autres, et de laquelle vous déduisiez tous les principes comme conséquences : alors vous aurez une philosophie. Donnez à l'une de vos classes la philosophie pour attribution. Chargez les membres que vous y admettrez de déduire ou de rattacher *de* ou *à* votre idée fondamentale tous les phénomènes connus ; et vous vous trouverez systématiquement organisés. » A l'instar de Saint-Simon son maître, Pierre Leroux proclame « la nécessité d'une nouvelle synthèse de toute la connaissance humaine ». Il écrit : « C'est folie de prendre les questions isolément, et de prétendre les résoudre chacune en elle-même, sans considération pour la cause générale qui les domine. Il faut aller à la source, comme Saint-Simon faisait dès 1812, et dire que la cause profonde de la crise qui désole la France et l'Europe est la dissolution du lien religieux, c'est-à-dire la dissolution de la connaissance humaine. Y a-t-il un principe qui puisse réunir les hommes dans une *foi commune ?* Politiques, je vous le dis, attachez-vous à ce principe, et ayez-le toujours devant les yeux, car toute la politique est là, et tout l'avenir de la France est là aussi. »

Notez que ces lignes datent de l'année 1832, et qu'il fallait, pour les signer, être saint-simonien ou penseur de génie. Leroux, lui, n'était que saint-simonien ; mais encore n'était pas saint-simonien qui voulait ; il fallait du courage pour l'être, et il fallait du talent, beaucoup de talent. L'esprit de l'époque n'allait pas là ; des maîtres écoutés dans des chaires considérables prenaient ouvertement parti pour la diversité des sectes et le morcellement de l'opinion ; ils voyaient dans cette anarchie un progrès, et plus qu'un progrès, le milieu en quelque sorte normal et tout l'avenir de l'esprit humain. Rares étaient ceux qui y démêlaient une anomalie, ou qui, comme Auguste Comte, y apercevaient « le passage plus ou moins difficile d'un dogmatisme à un autre ». Ceux-ci déploraient l' « individualisme » chronique qui dévorait, ainsi qu'un cancer, ce qui restait alors de société. « La société est en poussière, s'écriait Leroux ; et il en sera ainsi tant qu'une foi commune n'éclairera pas les intelligences et ne remplira pas les cœurs. »

C'est fort allègrement, du reste, qu'il entreprend d'éclairer ses contemporains abusés. Il les veut convaincre et non pas seulement ébranler. Il mobilise, à cet effet, avec les ressources variées de son tempérament oratoire, tout un arsenal d'idées et de formules ; il cause tour à tour ou déclame, il enseigne et discute, il s'émeut, sourit ou s'abandonne ; il défie et menace, il s'excite et exulte ; il apporte et jette dans le débat le produit de sa vaste lecture ; il est exégète et historien, psychologue et biologiste. Il est tout cela à la fois, ce qui ne va pas sans quelque confusion, et ce qui a beaucoup contribué à asseoir sa réputation d'esprit fumeux. Fumeux, il l'est sans doute. Pourtant si l'on voulait user de charité envers lui, et le prendre comme il est, et ne le point rudoyer, mais essayer plutôt de le comprendre, l'on en serait très largement récompensé. Car il est peu d'écrivains que le problème religieux ait à ce point intéressés et tourmentés, et il en est moins encore qui aient dépensé à l'étudier plus de bonne foi, de courage et de pénétration d'esprit.

Et d'abord, il établit nettement sa thèse : « Il en est de la société, dit-il, comme de tous les êtres, et

aussi comme de toutes les œuvres du génie de
l'homme. La vie ne se manifeste que dans l'unité ;
elle disparaît quand l'unité cesse. Dans la vie, dit
Hippocrate, tout concourt et tout consent. C'est une
des plus profondes définitions qu'on ait encore données de la vie ; et elle s'applique aussi bien à la vie
collective ou sociale qu'à la vie organique de l'individu. » La vie de l'esprit ne saurait, non plus,
échapper à cette loi : « Le besoin d'un système
complet, comprenant à la fois Dieu, l'homme, la
nature, est, je ne dis pas seulement naturel, mais
inhérent à l'esprit humain ; et, par conséquent, un
tel système est nécessaire et indispensable à chaque
homme. Sans un tel système, en effet, l'esprit de
l'homme est dans le vide, il n'existe pas. »

Que le besoin d'un tel système soit inhérent à
l'esprit humain, rien de moins douteux ; et qu'il se
soit manifesté dans tous les temps, l'histoire entière
en témoigne. Est-il, par exemple, une période plus
agitée en apparence que celle que l'on désigne sous
ces mots : le moyen âge ? Eh bien, « au milieu de
tant d'élévations prodigieuses et de tant de chutes
non moins remarquables, toujours la société, dans
ce grand espace de temps, est restée fondamentale-
ment la même. Bien des commotions, sans doute, et
d'innombrables changements ont eu lieu dans cet
espace de temps si long ; les mœurs, les lois, les
croyances se sont modifiées sans cesse, mais toutes
ces évolutions s'accomplirent dans le sein du même
ordre social et religieux ; et pendant qu'elles s'ac-
complissaient, le système lui-même, dans son essence,
restait immuable et vivait toujours de la même vie.
Car la circonférence de l'esprit humain restait la

même ; la terre et le ciel ne changeaient pas ; la terre livrée à une inégalité consentie, le ciel ouvert à chacun suivant ses mérites... Ainsi l'homme tout entier était rempli ; tous les problèmes que son esprit pouvait soulever avaient leur solution, toutes les maladies de son âme leur remède. »

Mais voici qui est plus surprenant encore. « La philosophie du XVIIIe siècle se rapporte assurément au principe d'examen et de liberté » ; et cependant, « quel siècle a été plus dogmatique, plus audacieusement et, à bien des égards, plus follement affirmatif sur Dieu, l'homme et la nature que le XVIIIe siècle ? » Et qu'on ne crie pas à la contradiction : car « c'est ne rien sentir de la vie du XVIIIe siècle que de ne pas comprendre que le principe d'examen fut uniquement pour les philosophes un *instrument* nécessaire à l'élaboration, à la vulgarisation et à la réalisation de leurs idées. » Et, en effet, « le XVIIIe siècle n'est pas venu aboutir, comme on le prétend, à un pur criticisme, à une pure négation ; mais il s'est résumé dans une doctrine positive et virtuellement organique, la doctrine de la perfectibilité. Les bases de cette doctrine avaient été largement jetées en France dès le commencement du XVIIIe siècle. A la fin de ce siècle, Turgot et Condorcet en furent les principaux formulateurs ; et dans ces derniers temps, Saint-Simon fit, au nom de cette doctrine, appel à l'avenir. » La Révolution française elle-même, « si dogmatique, si croyante, » pourrait nous servir à illustrer cette vérité, savoir, que « la formule finale du XVIIIe siècle, n'est ni le rationalisme, ni l'incrédulité, mais la foi au progrès. »

A l'égard du rationalisme, — comme on le peut

deviner par ces citations, — Pierre Leroux entrete-
nait un double grief : ni la raison d'un chacun, pré-
tendait-il, ne saurait se passer du consentement des
raisons voisines, ni la raison toute seule ne saurait
étreindre, en sa complexité mystérieuse, le problème
de la certitude et de la foi. « Le problème posé par le
rationalisme, écrit-il, n'était pas bien posé. Le problème de la philosophie n'est pas de constituer la
raison individuelle de chaque homme, indépendam-
ment de toute condition de temps et d'époque, et
dans une ère absolue ; mais de constituer et d'organiser la raison collective de l'Humanité vivante. Le
rationalisme est la prétention d'élever l'individualisme à la certitude et à la vie, ce qui est contradic-
toire dans les termes. »

Notre auteur s'emploie courageusement à dissiper
cette longue illusion. Écoutons-le, puisque aussi bien
nous ne saurions mieux dire : « Il est une loi
divine d'ordre et de succession à laquelle les plus
grands individus, les plus libres penseurs sont soumis,
et qui est telle qu'à un point de vue ils ne sont
qu'effet, tandis qu'à un autre point de vue ils sont
cause. Aussi quand on veut juger un homme, un
philosophe, il faut prendre du champ et de l'espace,
et non seulement le placer dans l'époque où il a paru,
mais le mettre en rapport avec les intelligences qui
l'ont précédé et celles qui l'ont suivi, afin de le voir,
pour ainsi dire, en place et en situation... Vit-on
jamais penseur plus indépendant en apparence de
l'humanité de son temps, et en général de l'humanité,
que Descartes ? Eh bien ! qu'il pense seul, il ne pen-
sera jamais que par et pour l'humanité, de par le
passé et pour l'avenir. Le passé, l'avenir, l'enserrent

et le limitent, quoi qu'il dise... Prenez Descartes en lui-même, isolez-le de Luther, de Voltaire et de Kant, l'un qui l'inspire, l'autre qui le pratique, et le troisième qui l'arrête, le limite et le définit, Descartes n'a plus de sens. »

Mais ces vérités sont en quelque sorte dans l'air depuis Lamennais : « Grâce à Dieu, nous ne sommes plus aujourd'hui (1838) dans cette tentative audacieuse, erronée, mais utile et nécessaire alors, du rationalisme pur qui séduisit Descartes, et où il entraîna, après lui, plusieurs générations. Le rapport éternel de l'humanité à l'homme a reparu à nos yeux, et avec ce rapport est revenu aussi pour nous l'intuition du rapport des esprits les uns avec les autres, dans le développement successif de l'humanité. » Solidaires les uns des autres dans le temps et dans l'espace, une double loi s'impose à nous. Il nous revient de considérer, en premier lieu, que nos semblables nous peuvent et nous doivent aider à reconnaître ou à retrouver ce commun principe de vie, ce dogme sauveur duquel dépendent à la fois l'équilibre de nos pensées et la règle de notre activité : c'est la loi du consentement. Et il nous revient, en second lieu, de tenir compte, dans la détermination du principe de vie, des indications que nous peut fournir, ou mieux, que nous fournit certainement la tradition.

« Nous n'avons que l'expérience pour pénétrer et nous diriger dans la vie des êtres d'une nature aussi étrangère à la nôtre que sont les astres, les plantes et les animaux. Avec nos semblables, au contraire, nous avons en commun une vie collective. Entre nous et eux le *consentement* devient donc à la fois une nécessité et un principe d'action. Quand donc, sortant de la relation avec la nature, nous entrons dans la relation avec les hommes, la principale règle que nous ayons pour nous diriger dans ce monde nouveau de la vie est le consentement. »

Mais le consentement lui-même est conditionné et constamment et invariablement alimenté par la tradition. « Nous naissons, nous vivons dans la foi, a dit avec raison Schelling. Le plus enragé rationaliste n'a pas d'autre fondement de crédulité, quoi qu'il fasse... Il suffit de rentrer en soi-même pour sentir ce qui se retrouve en grand dans l'humanité à toutes les époques, l'œuvre simultanée et indécomposable de la raison et de la foi. »

Lorsque Leroux reprochait à Victor Cousin de n'être qu'un « critique », peut-être lui faisait-il trop d'honneur ; mais il voulait dire par là que la vie, en son fond dernier, échappait à l'analyse, et qu'elle ne se révélait à nous que par un acte *sui generis,* dont tout notre être, à la fois esprit et corps, pensée et sentiment, faisait indivisiblement la dépense. « Reconnaissez, disait-il à Victor Cousin, que la philosophie ne participe pas seulement de la nature de la science, mais de la nature de l'art ; que ce n'est pas seulement une affaire d'observation et de raisonnement, mais aussi une affaire de sentiment... Il ne s'agit pas seulement de comprendre et d'expliquer... Vous voyez, dites-vous ; non, vous ne voyez pas, car voir, en cela, c'est sentir... Les théologiens, sous le langage desquels se cache au fond la plus savante et la plus profonde des psychologies, nommaient *péché contre le Saint-Esprit* cette absence de sentiment ; et c'était là, disaient-ils, le plus énorme des péchés de l'intelligence. Ils avaient raison. »

Plus récemment, Emmanuel Kant, en Allemagne, s'était avisé, de son côté, de ce caractère de la vraie philosophie, de n'être pas uniquement une physique ou une logique. Mais ses disciples, moins avisés que leur maître, faussèrent la doctrine au point d'en renverser littéralement l'économie. « M. Cousin, par exemple, frappé des travaux de Kant, mais n'en comprenant pas le sens et la portée, s'est mis dans l'idée que l'ontologie est une science acquérable par la voie de la logique. Mais c'est précisément le contraire que Kant avait démontré... Si quelqu'un doutait que ce soit là le résultat de cette philosophie kantienne dont on nous a si longtemps parlé avec tant de voiles et de mystères, qu'il écoute Kant lui-même, résumant ainsi le sens et l'utilité de son œuvre : « On nous demandera, sans doute, quels sont les trésors de science que nous pourrons léguer à nos neveux dans une métaphysique ainsi épurée par la critique, et par là même réduite à l'immobilité... J'ai voulu enlever à la raison spéculative ses prétentions aux aperçus transcendants. *Je devais donc abolir la science pour faire place à la foi* (1). »

Et c'est le moment de nous demander ce que Pierre Leroux entendait au juste par ce mot, — la Foi. Il n'entendait point par ce mot, je ne sais quelle aveugle soumission à un fait brut, inassimilable pour ainsi dire à l'âme du croyant, ou extérieur à elle, inexorablement. La tradition, selon Leroux, n'est nullement ce poids mort que l'humanité serait condamnée à traîner après

---

(1) Préface de la *Critique de la raison pure*. — Il serait curieux de rapprocher de cette opinion de Leroux sur Kant, celle qu'émettait M. Brunetière eu 1898, dans une conférence sur *le besoin de croire*. (Voyez *Discours de combat*, t. I, p. 318-321.) Cf. également Renouvier *Philosophie analytique de l'Histoire*, III, p. 300 et suiv.

elle, esclave inconsciente d'un maître à jamais ignoré.
Mais « il est évldent, par exemple, que les idées de
mobilité perpétuelle qui sont à la base de plusieurs
systèmes émis de nos jours (1840) sont radicalement
absurdes... Vivre ce n'est pas seulement changer,
c'est continuer. Notre vie participe à la fois du changement et du contraire du changement, ou de la per-
sistance... Changer en persistant ou se continuer en
changeant, voilà ce qui constitue réellement la vie
normale de l'homme, et par conséquent le progrès. »
Le passé entre donc, à titre essentiel, dans les plus
hardies combinaisons de faits ou de doctrines auxquelles les hommes se puissent livrer. Et il en ainsi
nécessairement : mais on peut ne tenir, de ce passé,
qu'un compte insuffisant, et dans ce cas, l'on marche
à l'aventure ; on peut aussi professer, à l'égard du
passé tout entier, un respect supertitieux, et, dans ce
cas, l'on se condamne à la mort.

La vie se tient toujours entre ces deux écueils ;
dans le passé, elle discerne l'élément solide, le principe immortel qui se retrouve identique au commencement, au milieu, à la fin de l'histoire, c'est-à-dire,
en un mot, la tradition. Mais ce principe, cette tradition n'a pas son siège hors de nous, elle est, à vrai
dire, en nous, elle est nous. Non certes que nous n'en
puissions démêler le sens ou reconnaître les progrès
dans les écrits et autres monuments qui en témoignent.
Mais ce témoignage tout extérieur ne saurait, par lui-
même, entraîner notre assentiment. Et en effet, « la
vie étant toujours actuelle, il en résulte que le consentement source de la certitude est le consentement
actuel, et non le consentement passé de l'Humanité. »
C'est bien ainsi, du reste, que l'Église a toujours

compris l'autorité de la Tradition. « Le principe pur et
vrai du catholicisme, c'est la certitude du témoignage
actuel, toujours vivant, de l'Église toujours actuelle,
toujours vivante, se manifestant d'époque en époque
par des conciles s'expliquant souverainement sur la
tradition antérieure. » C'est donc en quelque manière
en nous-mêmes qu'il faut situer la tradition : elle est
en nous, et notre pouvoir sur elle égale en quelque
sorte son pouvoir sur nous ; notre effort pour la vivre
fait toute sa vie, et ses progrès sont la mesure de cet
effort même.

Si la vie de la tradition n'est rien hors de nous,
on ne saurait, non plus, en expliquer le *processus*
par un simple développement des « idées » de l'humanité. « Nous sommes profondément convaincu, écrit
Leroux, d'une Révélation progressive dans l'humanité,
laquelle ne se fait pas seulement par la raison humaine,
comme l'entendent les rationalistes... Sans contredit
les idées de l'intelligence humaine changent, et non
seulement elles changent, mais elles se développent.
Mais vouloir, comme M. Jouffroy (1), qu'il s'opère
une sorte de développement *abstrait* des idées, indé-
pendamment de tout changement et de tout progrès
dans la nature humaine, et faire de ce développement
abstrait des idées la cause du changement dans
l'humanité, c'est se payer d'abstractions, et c'est ne
rien expliquer. » Remarquez, en effet, que si les choses
se passaient de la manière que dit Jouffroy, l'on
atteindrait en très peu de temps les dernières limites
de la science ; car « rien ne serait plus aisé que le
perfectionnement des sciences et de la philosophie,

(1) *Réflexions sur la philosophie de l'histoire,* daus *Mélanges philosophiques,* 1833.

si des méthodes et des axiomes suffisaient pour faire des découvertes. Mais écrivez les meilleurs traités sur la méthode, puis donnez cela à lire à un homme dépourvu du sentiment qui fait trouver, et voyez s'il sortira de vos méthodes quelque chose. C'était bon pour Condillac de penser ainsi, Condillac qui s'imaginait que, pour qui sait analyser, les vérités viennent s'enfiler toutes seules, les unes au bout des autres, indéfiniment, comme les grains d'un chapelet. Condillac disait une sottise ; et j'aime mieux en croire Platon et Vauvenargues. »

C'était, on le sait, le sentiment de Platon que « Dieu nous a donné deux ailes pour nous élever à lui, l'amour et la raison », et que la vérité était faite pour l'homme, mais qu'il n'en devenait le maître qu'à la condition de l'appréhender, si on le peut dire, « avec toute son âme ». Vauvenargues, « ce Pascal du XVIIIe siècle », avait, de son côté, émis cet aphorisme, que « les grandes pensées viennent du cœur ». C'est à bien comprendre ces textes sommaires, c'est à en étendre et à en préciser le sens, que s'emploie résolument Pierre Leroux. Et néanmoins, quelque curieuse et intéressante que fût sa tentative, on n'oserait affirmer qu'elle ait réellement abouti ; mais elle n'a pas, non plus, échoué ; et dans l'espèce de demi-brouillard où la pensée de notre auteur s'est arrêtée, on distingue, vacillante sans doute et comme voilée, une lumière.

Leroux constate, tout d'abord, une lacune considérable dans nos classiques « traités de logique », et il la montre. « Il doit y avoir, dit il, un nouvel instrument logique, un nouvel *organum,* comme parlent Aristote et Bacon... Il ne consiste pas à opérer méca-

niquement, pour ainsi dire, sur les idées ; mais il
consiste à recueillir la vie cachée sous les idées... Cet
art sera nouveau sans l'être ; il sera particulier à notre
époque, bien que toujours l'humanité l'ait connu et
pratiqué... Ils sont donc bien aveugles les hommes
qui nous disent aujourd'hui qu'il ne s'agit plus de
cœur, d'amour, de charité, de sentiment, mais seulement d'intelligence... Ils sont aveugles, dis-je, et ne
se montrent pas eux-mêmes les plus intelligents des
hommes ; car ce machiavélisme philosophique, cette
apologie de la tête aux dépens du cœur et des
entrailles, qu'ils nous prêchent aujourd'hui sans
aucune pudeur, est tout simplement une absurdité.
Est-ce que sous la pensée il n'y a pas toujours un
sentiment bon ou mauvais qui meut la pensée ? Est-ce
que le sentiment n'est pas la cause de la pensée ?
Est-ce que la connaissance n'est pas la forme du
sentiment ?... La vérité est pressentie par le sentiment
en attendant qu'elle entre en nous comme connaissance, et règne sur nous à ce titre... Le sentiment et
la pensée sont donc harmoniquement liés et pour
ainsi dire identiques ; car l'un est le germe de l'autre.
Tant vaut le sentiment, tant vaut la pensée. Les
grandes pensées viennent du cœur. »

Insondable en sa profondeur, la vie s'épand sans
cesse, prend et quitte successivement les formes les
plus variées, se traduit successivement dans des
dogmes toujours provisoires qui ne l'enveloppent ni
ne l'épuisent, tantôt calme dans sa marche en avant,
et tantôt secouée d'un frisson magnifique, possédant en
elle-même, ou recevant, on ne sait, le moyen de cette
« évolution » sans terme, ou dont le terme n'apparaît
jamais à nos yeux.

Que si vous acceptez cette manière de voir, vous serez amenés à reconnaître que l' « inspiration », comme disent les théologiens, n'est nullement un fait isolé, dans l'histoire, ni même, à parler franc, un fait rare ; mais bien plutôt un attribut commun à l'espèce tout entière, et l'exercice le plus naturel de l'une des plus constantes prérogatives, et des moins contestables, de l'humanité. « Il est temps de comprendre, en effet, que ce que l'on appelle Révélation n'est pas une révélation surhumaine ; que le révélateur, comme on le nomme, a été précédé d'une multitude d'autres révélateurs » ; qu'une « prophétie » n'est, en définitive, qu'une certaine « intuition » de la vie, et que « le mystère chrétien, enfin, n'est autre chose que la conception de la vie, telle que les hommes pouvaient l'avoir il y a deux mille ans ». Notez qu'au surplus « cette expression de *Fils de Dieu,* — dont se servent les évangélistes pour désigner Jésus, — n'avait pas chez les Juifs, dit Leroux, le sens particulier que nous lui donnons aujourd'hui. *L'immanence de Dieu dans tous les êtres* était une idée si répandue dans le mosaïsme, que cette expression ne rappelait autre chose que cette idée ». En résumé, retenons ceci, que « nous sommes tous fils de Dieu, et que l'Idéal divin peut s'incarner dans tous les hommes ».

« Mais je vais plus loin, ajoute Leroux, et je dis que cette idée de l'incarnation divine en Jésus n'est pas une erreur. Ce n'était pas non plus, certes, une vérité absolue. C'était une vérité relative... Il faut dire que Jésus fut, parmi tous les fils de Dieu que renfermait l'Occident, son fils chéri par excellence. Il fut, comme disent quelquefois les Pères, le Prométhée qui anima du feu divin nos statues d'argile. Il nous donna le mouvement, l'initiation, la vie. Oui, la vie spirituelle nous est venue par lui ; il a donc été réellement, et non par une fiction, par une comparaison, le sauveur de nos âmes. »

Mais enfin, « la Révélation est successive, et le christianisme n'a pas tout révélé... Il y a au fond de notre âme un je ne sais quoi de religieux qui est invincible, quelque chose qui n'est pas le christianisme et qui le juge et l'apprécie. Que savez-vous si ce n'est pas le christianisme lui-même qui se transfigure dans nos âmes ? » C'est bien cela, en effet, et nous pouvons avancer sans crainte que l'Inspiration dépasse infiniment la Révélation, puisqu'il est en son pouvoir de l'étendre ou de la développer, de l'abolir aussi dans les formes qu'elle a pu revêtir et qui ne seraient plus une exhortation au progrès de l'humanité, mais une entrave.

Il ne semble pas que, dans le système catholique, l'inspiration soit un attribut réservé, puisqu'il est écrit que « l'esprit souffle où il veut » ; mais c'est une vérité de foi catholique que ceux-là seuls sont vraiment inspirés à qui l'Église a reconnu ce caractère. Pierre Leroux répudie bruyamment ce legs du christianisme historique. Il y tient d'autant moins qu'il se trouve des précurseurs chez les « réformés » ou protestants ; et il prévoit un temps où « il n'y aura plus de distinction entre les prêtres et les laïcs ». En ce temps-là, dit-il, « le monde laïque sera devenu l'Église, et l'égalité régnera dans le double domaine du souverain civil et du souverain ecclésiastique... Voilà évidemment, suivant moi, où marchent l'Europe et le christianisme depuis la glorieuse insurrection qu'on a nommée la Réforme. » Il s'élève, ailleurs, avec véhémence, contre les prétentions des Églises : « Je ne pense pas, s'écrie-t-il, si l'on pense souverainement pour moi. J'admets l'aide de mes semblables, leur coopération, mais je n'admets pas leur tyrannie. Vous voulez que je me soumette aveuglément à une pensée qui n'est pas née ou qui n'est pas descendue dans ma conscience ! Vous niez en moi l'être pensant, et vous m'annihilez comme intelligence. » Dans le saint-simonisme d'Enfantin, il dénonce une déviation de la pensée saint-simonienne : « Ce que l'on a nommé le prêtre dans certain système, écrit-il, est une superfétation aussi inutile que dangereuse. » Il conclut enfin : « Nous sommes tous prêtres, nous sommes une nation de prêtres, au même titre que nous sommes tous citoyens. »

CHAPITRE IV

La Religion de la Solidarité.

C'était une pensée familière à Leroux, et l'une de celles auxquelles il tenait le plus, que « toute l'ère philosophique moderne n'a été que l'explication de plus en plus grande de la vérité divine qui était au fond du mosaïsme et au fond du christianisme », et que « les grands destructeurs de la forme où cette vérité s'était enfermée dans le mosaïsme d'abord, et ensuite dans le christianisme, n'ont vraiment atteint et percé de leurs coups que cette forme, c'est-à-dire dans un certain sens le mosaïsme et le christianisme, mais nullement la vérité cachée dans le sein de ces religions ». Il admettait donc que les philosophes, dans le passé comme de nos jours, donnaient la main aux théologiens, et que les théologiens, à leur tour, faisaient de la philosophie sans le savoir. « Quel est le pédant, clamait-il, qui oserait dire que les Pères de l'Église, ces penseurs si profonds, depuis saint Paul jusqu'à saint Augustin, ne tiennent pas bien leur place dans l'histoire de la philosophie ? » Il estimait, à vrai dire, que les théologiens avaient une manière à eux de philosopher, à la fois très discrète et très décidée. Je ne sais quelle exquise pudeur les empêchait de considérer leur pensée toute nue : aussi la dissimulaient-ils naturellement sous des voiles et sous des symboles. La méthode avait des inconvénients, et ce

n'est pas à tort que la raison moderne a passé outre à
ces délicatesses ; avec une brutalité dont nous lui
devons savoir gré, elle a déchiré les « voiles » et mis
en pièces les « symboles » ; et voici que l'auguste
vérité, substantielle et provocante, est apparue à nos
regards éblouis. « Ce qui précédemment a toujours
été plus ou moins couvert de ténèbres se révèle clai-
rement à nous. La philosophie comprend aujourd'hui
les dieux sauveurs de l'Inde et de l'Égypte, et le Dieu
sauveur de l'Occident. La philosophie embrasse donc
les religions dans une tradition vraiment universelle,
et se fait par là même religion. »

Mais vous insistez, et de cette religion nouvelle où
toutes les religions du passé se viennent comme
engouffrer et transfigurer, vous désirez connaître le
Credo. Le voici.

Nous avons déjà remarqué « qu'il y a *solidarité*
dans l'esprit humain, qu'il y a communion spirituelle
entre tous les hommes ; que l'esprit individuel vit
dans un milieu formé de la raison universelle de
l'espèce ». Mais ce n'est là qu'un cas particulier d'une
loi qui domine toute notre activité. « N'y a-t-il, en
effet, que solitude dans la vie ? N'y a-t-il que le *moi*,
ou n'y a-t-il que des *moi* solitaires ? Non, il y a le
semblable ; les *moi* sont communicables entre eux,
et forment, dans le temps comme dans l'espace,
des groupes vivants. » Bien plus, l'homme est en
rapport avec les autres hommes sans doute, mais
aussi avec le monde extérieur tout entier ; « les autres
hommes et le monde, voilà ce qui, s'unissant à lui, le
détermine et le révèle, ou le fait se révéler ; voilà sa
vie objective, sans laquelle sa vie subjective reste
latente et sans manifestation. »

Ainsi il est bien vrai que « chacun n'a en lui que la moitié de sa vie, pour ainsi dire, l'autre moitié étant dans son objet nécessaire », c'est-à-dire dans ses semblables et dans le monde extérieur. Regardons autour de nous : « l'homme a tellement besoin d'être en rapport avec d'autres êtres, qu'il ne se conçoit pas sans famille, sans patrie, sans propriété. Il faut, pour qu'il existe et qu'il se sente exister, qu'un certain nombre d'êtres soient groupés et harmonisés avec lui d'une certaine façon, de sorte que ce moi qui le constitue, s'incarnant en quelque sorte dans ces êtres unis à lui, se retrouve toujours objectivement, et s'apparaisse à lui-même à tous les moments de l'existence. »

De ces diverses constatations, la portée est, peut-on dire, immense ; car c'est en elles, ou dans les réalités qu'elles traduisent, pour employer un mot de Pascal, que « le nœud de notre condition prend ses replis et ses tours ». Si la vie de l'homme, en effet, « n'est pas en lui seulement, mais réside en partie, et pour ainsi dire par indivis, dans ses semblables, elle ne lui appartient donc pas tout entière... Le supposer, c'est supposer l'humanité, c'est donc supposer qu'il est par l'humanité *et pour elle*. »

Quand, pour faire de l'humanité une seule famille, les grands chefs religieux imaginaient le prestigieux symbolisme de la Trinité, ils ne faisaient que traduire, paraît-il, en un langage imagé, cette loi de notre nature qui veut que l'homme soit ami de l'homme. Il est vrai que, tandis qu'ils dérobaient ainsi à la nature son secret, ils la couvraient d'opprobre et de malédictions. C'est la méthode qui voulait cela, tant parce qu'elle était incertaine, que parce qu'elle les condamnait à placer la loi ou la règle de nos actions dans une sphère idéale et surhumaine. Ils ont donc calomnié la nature par impuissance à la saisir en elle-même, dans son immédiate réalité. S'ils l'eussent examinée d'un peu près, ils y eussent vu que le mal, qui est réel, constitue néanmoins un état de choses provisoire, et qu'il est bel et bien *virtuellement* aboli. Eh oui ! « du principe même de la vie, du principe qui fait l'homme objet de l'homme, surgit une conséquence qui va détruire le mal par lui-même. Voici cette conséquence : c'est que vous ne pouvez pas faire le mal sans vous faire du mal à vous-même. Puisque je suis votre objet comme vous êtes le mien, puisque votre vie a besoin objectivement de la mienne, comme la mienne a besoin objectivement de la vôtre, je vous défie de me rendre malheureux sans vous nuire à vous-même. Si vous me faites esclave vous voilà despote. C'est un malheur d'être esclave, mais c'est un malheur d'être despote... »

Ainsi le mal, au fond, n'existe pas, ou il va disparaître. Il n'y a donc pas lieu de distinguer, comme on l'a fait, deux tendances dans la nature humaine : l'égoïsme et l'altruisme. L'altruisme, au fond, c'est l'égoïsme, et *vice versa*. « La charité, dans son essence, n'avait pas jusqu'à ce jour (1840) été philosophiquement comprise » ; ceux-là néanmoins en ont soupçonné la nature qui, au XVIIIe siècle, ont produit « la doctrine de l'intérêt bien entendu... Mais quelle sanction avait cette doctrine ? Comment le bien des autres fait-il mon bien ? ou comment mon bien est-il lié à celui des autres ? La sanction qui manquait aux moralistes dont nous parlons, nous venons de la donner... Non seulement nous avons admis l'égoïsme humain, mais nous avons, pour ainsi dire, couronné cet égoïsme. » Si donc des origines au Christ, et de celui-ci à nous, une même aspiration, sans cesse accrue et toujours plus consciente, a travaillé le genre humain, et si les diverses religions qui ont apparu sur la terre ont successivement traduit ou interprété cette aspiration mais sans en pénétrer la véritable essence, dissimulée sous d'inconsistantes figures, nous pouvons nous flatter d'en pouvoir aujourd'hui donner une explication moins chimérique, et d'en pouvoir garantir la solidité comme principe ou fondement d'une religion universelle.

« La religion de l'humanité » : ainsi pourrait-on nommer la religion de l'avenir. Constituer l'humanité : à cela tendaient, plus ou moins consciemment, toutes les religions du passé. Faire du genre humain une seule famille : telle est aussi la fin de la solidarité et de son corollaire, l'égalité. Mais qui ne voit que, s'il en est ainsi, la religion et la société s'impliquent l'une l'autre, que la religion est une sociologie ou une politique, ou que « la politique est le geste de la reliligion »? On a souvent remarqué « qu'il est impossible de traiter un peu profondément de la politique sans toucher aux questions religieuses ». Mais pourquoi cela? Parce que « la société sans la religion est une pure abstraction, une absurde chimère qui n'a jamais existé. La pensée humaine est une, et elle est à la fois sociale et religieuse, c'est-à-dire qu'elle a deux faces qui se correspondent et s'engendrent mutuellement ». Vous ne pouvez « respirer ni agir sans vous poser le problème de la morale... Mais la morale n'est pas seulement une règle des mœurs, une loi sentie des relations sociales, c'est la société elle-même se manifestant, c'est une politique. »

Ce ne sont point là hypothèses invérifiables. « A l'origine, chez tous les peuples du monde, nous trouvons la législation si intimement unie à la religion, qu'elle semble en être uniquement un corollaire et en dépendre... Notre Occident lui-même, où, pour la première fois dans le monde, on a essayé de mettre en avant, d'une manière nette et radicale, la distinction de la loi civile et de la loi religieuse, notre Occident n'a-t-il pas emprunté, sinon toutes ses lois, du moins une grande partie de ses lois et en général l'inspiration et la consécration de ses lois, aux dogmes du christianisme ? Après l'invasion barbare, le droit canonique n'a-t-il pas été le droit prédominant en Europe ? Et lors même qu'à la Renaissance l'ancien droit romain est venu prêter son appui aux laïques contre le clergé, les prémisses posées par le christianisme n'ont-elles pas toujours prédominé dans la législation, et n'ont-elles pas servi à modifier et à diriger les applications qu'on en a faites. Partout donc, et sans aucune exception, le droit a été religieux, empreint d'une foi religieuse, dominé par une croyance supérieure aux questions mêmes du droit. »

Que le Christ, et l'Église après lui, aient conçu la morale ou la religion comme étroitement unie au droit, c'est ce qui n'est pas douteux. « Le règne du Christ est promis *sur la terre* : c'est ce que l'Évangile annonce de la façon la plus affirmative... Que l'Évangile n'ait pas encore pu manifester entièrement ce qu'il contient, et se réaliser, c'est trop évident... Ceci n'est pas une objection à l'Évangile, puisque dans l'Évangile même se trouve la prédiction de l'esprit de connaissance et de science qui organisera l'Évangile et en amènera la réalisation. »

Cette question mériterait de fixer l'attention du clergé en général, et de chacun de ses membres en particulier : « Qu'est-ce que la Rédemption ? Quelle idée le chrétien doit-il se faire de ce miracle fondamental sur lequel repose tout le christianisme ? Le clergé répondra-t-il que la rédemption est la rédemption des âmes seulement, qu'il ne s'agit pas dans ce mystère du salut de nos corps, qu'il ne s'agit pas du monde temporel, mais du monde spirituel ? Le prêtre qui répondrait cela répondrait mal... D'abord il répondrait mal, à ne consulter que le bon sens. Car y a-t-il un seul phénomène humain qui ne soit à la fois matériel et spirituel ?

« L'âme peut-elle être saine dans un corps malade ? Un homme épuisé par la faim peut-il aisément conserver le calme et la netteté de l'intelligence ?... Est-ce que Jésus, quand il guérit quelqu'un dans l'Évangile, ne guérit que son âme ? L'Évangile est plein de miracles qui se rapportent au corps et à l'âme. S'il est vrai que les Juifs se soient trompés parce qu'ils attendaient un Messie temporel et un roi matériel pour ainsi dire, il n'est pas moins coupable de commettre l'erreur inverse, et de faire de la royauté de Jésus une abstraction spirituelle. Jésus n'a jamais dit, *comme de faux traducteurs le lui ont fait dire,* que son royaume n'était pas de ce monde. Au contraire, dans toutes ses prophéties, il promet la terre à ses disciples... Et quand à la fin de sa vie, Pilate lui demande : « Est-il vrai que tu sois roi ? » il répond : Oui, je suis roi, mais ma royauté n'est pas encore *de ce temps-ci :* ΝΥΝ δὲ ἡ βασιλεία ἡ ἐμὴ οὐκ ἔστιν ἐντεῦθεν. » Sa royauté viendra donc, puisqu'il dit qu'elle n'est pas encore venue. Oui, sa royauté viendra et elle

viendra sur la terre, sur cette terre promise par lui aux
humbles et aux humiliés. Et quand vous dites qu'il a
promis le ciel, vous ne vous trompez pas, puisqu'il a
promis le ciel et la terre à la fois aux hommes rentrés
dans la loi divine. »

Cette interprétation de la pensée de Jésus est con-
forme à « la tradition constante du christianisme ».
Il nous faut arriver au XIXe siècle, pour rencontrer
des chrétiens, et parmi eux des lévites, qui s'écartent
de cette interprétation. « On a attaqué le système de
Malthus au nom des Livres saints, écrit l'un (1) ; mais,
tout-puissants en religion, les Livres saints n'ont pas,
en économie politique, plus d'autorité qu'en physique
et en chimie. » « Il y a des riches, il y a des pauvres,
assure un autre (2 , et l'Évangile nous déclare qu'il y
en aura toujours : *Pauperes semper habebitis vobiscum.* » Et Leroux de s'exclamer : « Ce prêtre n'entend
pas l'Évangile ! » Le prêtre en question avait apparemment négligé, avant de monter en chaire, de
consulter les *Septante,* ou la *Vulgate,* ou simplement
son bréviaire ; c'est ce que Leroux lui fait remarquer,
à sa façon : « Mais pourquoi, saint homme que vous
êtes, ne vous contentant pas d'interpréter faussement,
altérez-vous le texte même ? Jésus dit à ses disciples :
Manquez-vous d'occasions de faire du bien aux
pauvres ? Vous avez toujours des pauvres avec vous,
Pauperes semper HABETIS *vobiscum,* comme porte
la *Vulgate,* ou comme le texte grec, τοὺς πτωχοὺς γὰρ
πάντοτε EXETE μεθ᾽ ἑαυτοῦς... Pourquoi substituez-
vous au présent *habetis,* le futur *habebitis ?* Altérer

(1) M. Duchâtel, dans *le Globe,* numéro du 21 mai 1825.
(2) L'abbé Dupanloup. Voyez *l'Époque,* n° du 8 mars 1846.

sciemment et perfidement le texte pour arriver à faire dire à l'Évangile le contraire de ce qu'annonce l'Évangile dans sa totalité, c'est une énormité bien étrange ! » Singulière ironie de la destinée, qui défère à un laïque, doublé d'un libre penseur, la mission de « venger l'injure faite à l'Évangile par les gardiens officiels de cet Évangile, et de défendre le roi divin, le Christ, contre les lévites chargés de le défendre ! »

Que le christianisme ait abandonné la société à elle-même, qu'il ait méprisé le temporel, ou nié le progrès social, ou fait de la morale uniquement une discipline de la vie privée, rien donc de moins soutenable. Et nous faut-il rappeler qu'il existe une théorie chrétienne de la propriété et du capital, dont on chercherait vainement la teneur dans les sermons de M. Dupanloup, mais qui est exposée tout au long dans les ouvrages des Pères, et que confirment les canons d'une foule de conciles, — théorie prodigieuse, en ce sens qu'elle anticipait magnifiquement sur l'avenir, et posait, dès le iiie ou le ive siècle, le plus grave des problèmes que le xixe siècle sur sa fin allait agiter (1) ? Aussi, nous adressant aux adeptes d'un certain catholicisme « libéral », c'est-à-dire « minimisé, » et à tous ceux qu'une ignorance excusable ou non, ou une fausse habileté, conduit à « séparer » radicalement le spirituel du temporel, nous leur dirons : « Osez prétendre que Dieu n'a pas parlé, ou qu'il n'y a pas de révélation ; osez nier la divinité de l'Évangile ! Mais ne faites pas d'hypocrisie, et ne dites pas que vous respectez la religion, mais seulement dans son domaine ; *car tout dans la*

(1) LEROUX, *Malthus et les Economistes*, 3e section.

société humaine est de son domaine, ou elle n'a pas de domaine, et n'est qu'une chimère (1). »

Résumons-nous : l'ordre moral et l'ordre civil se doivent recouvrir ou compénétrer. La religion a deux faces qui se correspondent : elle est indivisiblement une morale et une politique. La morale est une politique en germe ; la politique est la morale en action. Solidarité-égalité : toute la religion, toute la morale, toute la politique tiennent dans ces deux mots.

(1) C'était le sentiment de Leroux que le catholicisme lui-même n'avait qu'à moitié saisi et imparfaitement appliqué cette idée que la religion est une sociologie. Que la religion commandât le droit, et conditionnât le progrès des institutions, c'est tout ce que le catholicisme en avait déduit : tandis qu'il semblait à Leroux que l'idée en question comportait, en plus des conséquences que le catholicisme en avait tirées, celles-ci notamment :

1° Que le progrès religieux avait son principe et sa fin ici-bas, et qu'il ne se prolongeait ni ne s'achevait dans un « ciel » imaginaire. D'où cette conception d'une « immortalité » qui ne serait qu'une « renaissance dans l'humanité ». — « Nous, qui naissons, écrit Leroux, nous nous trouvons être non seulement la suite et, comme on dit, les fils et la postérité de ceux qui ont déjà vécu, mais au fond et réellement ces générations antérieures elles-mêmes. »

2° Que le pouvoir social devrait être à la fois civil et religieux ; par suite, que la distinction catholique des deux pouvoirs constituait une anomalie et un danger ; qu'elle devait infailliblement donner naissance à l' « individualisme » en fournissant un prétexte aux hommes pour « séparer » l'un de l'autre l'ordre civil et l'ordre moral, et les opposer l'un à l'autre.

CHAPITRE V

Conclusions.

« Leroux est assurément un grand producteur de
pensées, mais il est dépourvu de méthode » : ce jugement de Heine sur Leroux est le plus vrai peut-être,
sinon le plus complet, qu'on ait porté sur notre philosophe. Dépourvu de méthode : cela signifiait, pour
Heine, que Leroux ne s'est jamais donné la peine de
« composer » un livre, ou seulement un article de
revue ; mais cela signifiait aussi que Leroux s'est toujours montré impuissant à saisir, dans une vue synthé-
tique, les différents aspects de sa pensée ; et c'est ce
qui explique le peu de cohérence de cette pensée, les
contradictions où elle se complaît, et les solutions de
continuité qu'ici et là on y observe. Absence d'unité :
telle est donc, sous un premier point de vue, la carac-
téristique de l'œuvre de Leroux.

Cette œuvre fait penser, ouvre des horizons à
la pensée, remue un nombre incalculable de pensées :
voilà ce qu'on en peut dire, à la considérer sous un
second point de vue. Non pas qu'elle soit une œuvre
de tous points originale ; les idées maîtresses n'en
sont pas de Leroux ; elle doit beaucoup à Saint-Simon,
beaucoup encore à Lamennais, un peu moins à
Lessing, à Schelling et à Kant, quelque chose peut-

être à Krause (1). Mais que Leroux ait eu des maîtres, cela n'enlève à son œuvre qu'une partie de son originalité. Est-il d'ailleurs quelqu'un qui ne doive aux ancêtres le fonds d'idées qu'il exploite ? Tout au plus peut-on espérer de transmettre ce fonds accru à la postérité. Leroux eût pu, à cet égard, se flatter d'avoir fait fructifier le capital d'idées qu'il tenait de ses prédécesseurs ; mais l'ayant exploité sans méthode et, pour ainsi dire, à la diable, il en est résulté, pour lui-même et pour ses lecteurs, une grande confusion. Pour se diriger dans son œuvre, et pour en faire son profit, une certaine familiarité avec les idées n'est pas de trop, ni non plus cette vertu qu'on nomme la circonspection ; on risque à chaque pas de s'y égarer, et ce n'est qu'à la longue qu'on y discerne les linéaments d'une doctrine ; doctrine, du reste, peu cohérente, nous l'avons dit, mais dont les morceaux peuvent être bons et même excellents.

L'on comprend maintenant que ce demi-jour ou cette pénombre qui enveloppe l'œuvre de Leroux ait favorisé les rapines, et qu'un grand nombre de larrons en aient profité pour s'élever ou se grandir aux dépens de notre philosophe. Combien de ses contemporains qui, moins humbles que George Sand, ou plus habiles, le surent mettre à contribution sans en

---

(1) L'influence de la philosophie allemande est très sensible chez la plupart des saint-simoniens, et l'on peut expliquer par là une bonne partie de leurs extravagances, et les profondes différences qu'on remarque entre leurs doctrines et celles de Saint-Simon, — qui fut un esprit tout français. Leroux l'a noté quelque part, à propos d'Enfantin : « La France, écrit-il, connaît les idées exposées par M. Enfantin. Il faudra bien qu'on sache un jour que la métaphysique de M. Enfantin est positivement celle de Hegel, et que c'est à la suite de Hegel que l'école saint-simonienne s'est égarée. » (*La Revue Indépendante*, n° de mai 1842.) Leroux eût pu faire sur lui-même une remarque analogue. On ne dira jamais assez combien ce qu'au delà du Rhin ils nomment leur *Kultur* a contribué au dérangement des cervelles françaises, tout le long du siècle passé. Et cela continue, hélas !

rien laisser voir à personne (1)! Il n'est pas jusqu'à
ses adversaires eux-mêmes qui n'aient subi son
influence et dérobé, pour le mieux combattre, ses
propres armes. Parmi ces derniers, il nous faut citer
plus particulièrement Victor Cousin.

Que Victor Cousin ait, à sa manière et à son corps
défendant, tenu compte des critiques à lui adressées
par Leroux, le fait ne laisse pas d'être significatif. Il
fallait que Leroux eût, dans une certaine mesure,
dérangé l'équilibre de la philosophie éclectique, pour
que Cousin s'employât à la remettre d'aplomb ; et il
fallait, d'autre part, que Cousin se sentît très fort,
pour qu'il se pût donner, aux yeux du public, l'air de
mépriser Leroux. Et, en effet, pas plus que sa situation dans l'État, sa philosophie n'était commode à
ébranler ; non point qu'elle fût solide en elle-même ;
mais elle l'était par voisinage, si je l'ose dire ; elle
était forte de tous les ouvrages de défense dont son

(1) On peut dire que toute la littérature évangélique-sociale éclose
dans les environs de l'année 1848, s'inspire des travaux de Leroux.
    Un problème difficile à résoudre est celui de la paternité — hautement
revendiquée par Luc Desages, gendre et disciple de Pierre Leroux, en
faveur de son beau-père, — ou de la genèse de cette partie de l'œuvre
d'Auguste Comte qui a trait à la religion de l'humanité. La formule :
religion de l'humanité, est incontestablement de Leroux ; nous la ren-
controns en particulier, dans l'étude sur *l'Egalité*, qui date de
l'année 1838. Il semble établi, d'autre part, que Clotilde de Vaux, qui
eut sur Auguste Comte l'influence que l'on sait, loin d'ignorer les
ouvrages de Leroux, en avait fait, au contraire, antérieurement à ses
relations avec Comte, sa nourriture assidue. Il n'est pas du reste bien
difficile d'apercevoir la parenté des deux doctrines : nous en avons
touché un mot à propos de la solidarité. Il est vrai que, tout comme
Leroux, Comte procédait de Saint-Simon. — « Comment, demande Luc
Desages, le plus anti-idéaliste des philosophes est-il devenu tout à coup
idéaliste au point de n'être plus du tout positiviste ? Nous l'accusons
d'une double félonie. Nous l'accusons de s'être conduit envers l'auteur
du livre de *l'Humanité*, comme il s'était conduit envers l'auteur
(Saint-Simon) des *Lettres de Genève*. » (*L'Espérance*, n° de juillet 1858,
p. 93, 90.) Il ne faudrait cependant pas s'exagérer l'importance du problème soulevé par Desages. La seconde partie de l'œuvre de Comte
(*Politique positive*) était en germe dans la première ; et les idées qu'il
a pu emprunter à Leroux ne comptent point parmi celles qui rendront
son œuvre durable.

fondateur, avec un art consommé, s'était plu à
l'entourer ; et Proudhon se moquait quand, dans ses
démêlés avec Leroux (1849), il écrivait dédaigneuse-
ment : « Finalement, vous me menacez de me traiter
comme vous avez fait l'éclectisme, cette grande porte
ouverte de la philosophie moderne, que vous avez eu
la gloire d'enfoncer tout seul. »

Mais surtout n'oublions pas que l'éclectisme fut, à
son heure, l'expression authentique, quoique provisoire, de cette « insurrection de l'esprit contre le
cœur » que dénonçait Auguste Comte en 1848, et que
Leroux ne craint pas d'appeler de son vrai nom, le Ra-
tionalimse. C'est contre le Rationalisme, et parce
qu'il en discernait l'insuffisance ou l'étroitesse, que
Leroux s'est élevé dans sa lutte contre l'éclectisme ;
ses appels à la tradition, à la foi (1), au sentiment,
révélaient un besoin que le Rationalisme s'était montré
impuissant à assouvir. Qu'il eût pleinement conscience
de ce qu'il faisait, c'est une autre question ; mais il
n'est pas douteux que, sous la forme de l'éclectisme,
et dans la personne de Victor Cousin, c'est l'irréligion
qu'il battait en brèche ; et que, dans ces conditions,
il ait pu se faire écouter, c'est déjà fort honorable ;
mais il eut à subir, de la part des esprits dits émanci-
pés ou critiques, toutes sortes d'avanies, et c'est ce
qui achève ou consolide son mérite.

Et néanmoins, reconnaissons-le, Pierre Leroux était
de son siècle, et tout l'effort qu'il fit pour s'en déga-
ger ou s'en affranchir ne servit, après tout, qu'à l'y
faire retomber plus lourdement. Il crut jusqu'à la fin
que le christianisme avait fait son temps, au moins

(1) Bien entendu, Leroux, à l'instar de Kant, conçoit la « foi » à l'allemande, et non à la romaine.

dans sa forme traditionnelle, et qu'on ne le pourrait
utiliser désormais qu'à la condition d'en retrouver la
raison suffisante et, comme on dit, les titres, dans la
nature humaine. En quoi, certes, il s'abusait. Que
« tous ceux qui ont contribué à établir parmi les
hommes la fraternité, la liberté, l'égalité, aient été dans
la voie religieuse », c'est possible ; mais que le fait
de la solidarité, ou, pour employer un langage plus
franc, le fait de la dépendance où se trouvent les
hommes les uns à l'égard des autres contienne en
lui-même une vertu morale ou religieuse, et se traduise nécessairement ou se transfigure infailliblement
en amour, en charité, en égalité, c'est une hypothèse pour le moins téméraire, et dont on pourrait
même, au besoin, garantir la fragilité. « Le *moi*, dites-
vous, se cherche et ne peut se trouver directement :
de là notre amour du semblable. » De là, dirons-nous
plutôt, l'égoïsme ou l'exploitation de l'homme par
l'homme. Vous écrivez : « Si, oubliant que vous êtes
uni à l'humanité, vous vous faites égoïste, vous aurez
les plaisirs solitaires d'un homme seul. » Mais de quel
droit confondez-vous égoïsme et isolement, altruisme
et solidarité ? L'égoïsme est solidarité aussi ; il n'y a
pas de *moi* solitaire, le *moi* est toujours solidaire ;
mais la solidarité est égoïste ou altruiste. Comment
choisir ? Vous poursuivez : « Supposer l'individu,
c'est supposer l'humanité ; c'est donc supposer qu'il
est par l'humanité *et pour elle*. » Et pour elle ? Et
pourquoi cela, s'il vous plaît ? Cela crève-t-il donc les
yeux, et sommes-nous aveugles ? Nous nous rappelons, à ce propos, qu'un disciple d'Auguste Comte
nous proposait naguère un raisonnement analogue :
« La grande vérité qui nous doit dominer, écrivait

M. A. Baumann, étant que nous ne vivons que *par autrui*, le grand devoir résumant tous les autres sera qu'il nous faut vivre *pour autrui*. Il y a entre ces deux propositions un enchaînement logique dont la rigueur s'impose aux esprits les moins méditatifs (1). » Que ne sommes-nous, hélas ! des esprits méditatifs !... Entre ces deux propositions de M. Baumann nous n'apercevons aucun lien logique.

J'emploie ici le pluriel intentionnellement, car je ne saurais, dans une question aussi grave, me séparer de l'humanité moyenne, dont ç'a été l'honneur ou l'infirmité, comme on voudra, d'invariablement exploiter le prochain toutes les fois qu'une autorité d'origine surnaturelle, ou admise comme telle, aidée le plus souvent par l'autorité civile, ne le lui interdisait pas formellement.

A-t-elle tort, cette humanité moyenne, de profiter de la solidarité qui nous lie, c'est-à-dire de l'entendre spontanément dans un sens égoïste ? Elle a tort, répond Leroux, d'accord ici avec les diverses écoles positivistes. Mais pourquoi a-t-elle tort ? Poussés à bout, Leroux et les positivistes répondent : parce que l'altruisme, au fond, c'est l'égoïsme. Ah ! nous y voilà. Et c'est cela qu'on ne prouvera jamais. Il n'y a pas de morale sans sacrifice, et l'on n'arrive à se persuader du contraire qu'en faisant fi de la réalité. « On peut, dans son cabinet, et en quelque sorte loin du champ de bataille, se reposer dans des philosophies efféminées et s'imaginer qu'on peut résoudre d'une manière satisfaisante le problème d'être honnête sans sacrifice ; mais qu'arrive une conjoncture grave,

____

(1) A. BAUMANN, *la Vie sociale de notre temps*, Paris, 1900, p. 260.

publique ou privée, qu'une lutte s'engage entre l'honneur et l'intérêt, entre la passion et le devoir, à l'instant les jeux de l'esprit s'évanouissent, toutes ces savantes combinaisons, inventées dans l'ombre d'un cabinet ou d'une école pour se passer de courage ou de vertu, ne fournissent pas la moindre ressource (1) : » c'est ici Cousin qui a raison contre Leroux ; et c'est, qu'on nous passe le mot, escamoter le problème moral, et non le résoudre, que de le ramener à ces termes : altruisme = égoïsme ; ou à ceux-ci : vertu = bonheur. « On peut dire sans crainte de se tromper, remarque quelque part Leroux, que le christianisme *n'a pas démontré* son précepte de la charité. » C'est peut-être qu'il redoutait, par anticipation, d'avoir le succès des morales positivistes ; mais s'il ne l'a pas démontré, il l'a du moins établi sur le seul fondement qui le puisse porter : le dogme de l'égalité fraternelle.

Mais on insiste, et l'on se fait fort de prouver que ce dogme lui-même est le résultat d'une élaboration séculaire, et l'énoncé empirique, encore que légitime et vrai à sa manière, d'une loi de la nature humaine. « L'égalité, assure Leroux, est en germe dans la nature des choses. » Peut-être ; mais avouez que la « nature des choses » est singulièrement déconcertante, et qu'elle se prête plutôt mal à l'éclosion de germes dont elle devrait, semble-t-il, encourager le développement. Bien plus, il n'apparaît pas, à voir comment se comporte la nature à tous les degrés, qu'elle manifeste la moindre tendance à l'égalité ; toutes les sortes d'inégalité ont, au contraire, en

_____

(1) Victor COUSIN, *Premiers essais de philosophie*, 3ᵉ édit., Paris, 1855, p. 290.

elle leur principe et leur aliment ; elle se plaît à différencier les êtres, à les subordonner les uns aux autres, à les classer, à les hiérarchiser, à les opposer ; elle apporte même à ce jeu je ne sais quelle coquetterie obstinée et féroce ; et si nous la laissions faire, il n'y aurait pas deux êtres, dans le monde, qui se pussent considérer comme *semblables*. Et au nom de quoi nous opposons-nous, quand nous le faisons, aux débauches de la nature, aux divisions, aux séparations, aux oppositions qu'elle crée et entretient parmi les hommes ? Serait-ce au nom de la raison ? « Notre raison, affirmez-vous, ne comprend comme idéal que l'égalité. » La raison de qui ? La raison d'Aristote ou celle de Platon ? La raison de Hobbes ou la raison de Joseph de Maistre ? La raison d'Auguste Comte ou la raison de Renan ? Il serait pour le moins étrange que la « raison » des plus intelligents ou des plus clairvoyants d'entre les hommes n'eût point aperçu ou seulement soupçonné cette fameuse loi d'égalité que vous proclamez, et que, loin de voir dans l'égalité un idéal, elle y eût vu le signe et comme le dernier terme de l'anarchie. Quoi qu'il en soit, il reste vrai que les hommes à l'état de liberté, — à l'état de nature, comme on disait au xviiie siècle, — sont aussi différents les uns des autres qu'une espèce de roses l'est d'une autre espèce, ou qu'une race de chiens l'est d'une autre race, et qu'on ne voit pas très bien pourquoi on les traiterait pareillement, ni pour quelle raison il les faudrait induire à se considérer comme « semblables ». Concluons donc que l'égalité ne *s'impose* pas plus que la charité à quiconque rejette l'enseignement « théologique », ou en prétend ramener la teneur à des vérités « de l'ordre naturel ».

Tant il est vrai qu'on n'échappe au « surnaturel » que pour en éprouver tôt ou tard l'invincible besoin. On ne dira jamais, en effet, à quel point est illusoire la méthode des « laïcisateurs ». Ils ne manquent pas tous de sincérité, et il en est certes, parmi eux, d'intelligents ; mais s'ils manquent de quelque chose, tous sans exception, c'est du sens du possible, et de celui de leur pouvoir. Car si la « théologie » est irréductible décidément à la « science » ou à la « philosophie », le problème de nos origines et celui de notre destinée, — partant le problème de la morale, — demeurent des problèmes « théologiques » : et alors, loin que la notion du surnaturel se soit le moins du monde évanouie au contact de la critique, on peut dire qu'elle a retiré de ce contact une consistance et je ne sais quelle plénitude qui l'impose d'autant mieux à notre attention.

Et notez qu'il s'agit d'un surnaturel « objectif », de données qui se proposent à nous, et qui ne sont pas, ou qu'on ne voit pas qui puissent être *de nous*. Non, les prophètes ne courent pas les rues, et l'on n'est pas un « inspiré », ou même simplement un homme religieux, par cela seul qu'on se fie à son « sentiment » : c'est ce dont Leroux ne s'est jamais douté. Le sentiment ou la vie est une aspiration à faces multiples, un faisceau de tendances contradictoires, et qui se heurtent beaucoup plus souvent qu'elles ne se concertent ou s'harmonisent ; et c'est précisément l'objet de la synthèse religieuse de coordonner ces tendances, de les subordonner toutes à l'une d'elles, jugée et proclamée en quelque manière supérieure. Si ce jugement est impliqué dans la vie, ou s'il y est, comme on dit, à l'état latent, à coup sûr nous n'arrivons pas à le proprement formuler ; la seule formule que nous en possédions nous a été donnée, et c'est la « théologie » qui nous l'a donnée. Il est peut-être humiliant pour nous que les choses soient ainsi ; mais elles ne sont pas autrement.

« Sans contredit, écrit quelque part Leroux, les idées catholiques se rapportent au principe de l'autorité ; mais l'autorité elle-même, dans les idées catholiques, n'est qu'un moyen de conserver la tradition et la foi. » Cela, en vérité, n'est pas trop mal observé. Mais c'est là un de ces *obiter dicta* semés à profusion à travers l'œuvre de Leroux, et qu'on en pourrait détacher sans que l'œuvre elle-même s'en trouvât le moins du monde atteinte dans son existence. En réalité, Leroux n'a jamais varié sur ce point, que si l'unité est une chose à tous égards souhaitable, l'on aurait néanmoins parfaitement tort de la désirer, si elle n'était possible qu'à la condition que l'individu lui sacrifiât son droit de penser à sa guise. « Oui, écrit-il, s'il n'était possible d'avoir une religion et une société qu'à la condition de voir reparaître le despotisme social, plutôt point de religion, plutôt point de société. Ainsi conçue, en effet, c'est-à-dire conçue comme niant et détruisant le droit qu'a chaque individu de croire ou de ne pas croire et de penser à sa guise, une religion serait, au point où nous sommes arrivés maintenant, la plus atroce des iniquités. »

Il imagine, en conséquence, une *combinazione* plutôt bizarre, et dans laquelle entrent en composition certains éléments de la cité antique et trois ou quatre propositions empruntées à la plus moderne de nos « Déclarations des droits », celle de 1793. Il pose en principe que « l'unité » est un bien, et que « les sectes sont un mal » ; il déclare que « la liberté des cultes dont on a voulu faire un principe absolu, n'a qu'une valeur temporaire » ; mais il maintient « la liberté individuelle de penser et de croire pour l'homme devenu majeur », réservant aux seuls « mineurs » la sollicitude active de l'État, entendez « l'omnipotence de la société sur l'éducation ». Que si, avec cela, votre besoin d'unité est satisfait, vous n'êtes vraiment pas difficile.

Mais laissons ces enfantillages. Il n'y a pas deux moyens de faire de l'unité. Que vous la considériez dans les consciences ou dans la société, l'unité est invariablement l'œuvre de l'autorité. Il n'y a pas de tradition, il n'y a pas de dogme qui, livrés aux entreprises du « sens individuel », ne risquent absolument de se perdre ou de se corrompre. Si la tradition et le dogme étaient choses figées, ou mortes, le droit individuel d'examen les menacerait à peine, dans leur essence : il y aurait difficilement deux manières de les entendre. Mais précisément parce que la tradition et le dogme sont choses vivantes, le problème de leur identité se pose, et se pose de telle sorte que nous essaierions vainement de l'éluder. Nous n'avons pas le choix entre une tradition et un dogme qui se maintiendraient tout seuls identiques à eux-mêmes, à travers les milliers de consciences qui les travaillent et qu'ils travaillent ; et une tradition et un dogme qui conserveraient leur identité par le moyen d'une autorité qui se porterait garante de cette identité même. De ces deux hypothèses, la première est, on peut le dire, chimérique ; quant à la seconde, elle est autre chose et mieux qu'une hypothèse, s'il est vrai qu'elle

condense toute l'expérience de l'humanité, relative-
ment à la question qui nous occupe. Et je veux bien
qu'une autorité religieuse n'ait la logique avec elle
qu'à la condition de se présenter comme infaillible :
mais je n'en veux conclure autre chose sinon que le
seul catholicisme nous peut offrir une théorie du
développement religieux qui se tienne dans toutes
ses parties.

Nous eussions aimé insister sur les idées « sociales »
de Leroux (1), et plus particulièrement sur cette
pensée que le christianisme, comme aussi bien toute
religion, n'est pas uniquement un principe de vie
intérieure ; qu'il implique ou entraîne une politique,
diverse suivant les milieux, diverse aussi suivant les
époques, mais une dans son principe, lequel n'est
autre que la loi d'égalité fraternelle. Les malentendus,
à cet égard, sont nombreux ; mais il en est un qui les
comprend tous. Parce que le christianisme a distingué
le spirituel du temporel, et confié le gouvernement
de ce monde à deux pouvoirs autonomes, on s'est
imaginé qu'il faisait dans la vie deux parts, l'une, —
la vie du *moi,* — que l'Idéal devait informer, épurer,
transfigurer ; l'autre, — la vie du *nous,* — soumise
exclusivement aux impulsions de la Force. Ainsi, non
seulement, d'après cette vue, les deux pouvoirs se
doivent réciproquement ignorer, mais la religion et

(1) Voir son discours à l'Assemblée Nationale du 30 août 1848 : « Non,
ce n'est pas pour réaliser de tout point cette société nouvelle que vous
avez reçu mandat du peuple, mais pour permettre que cette société
nouvelle se réalise par les efforts individuels des citoyens s'échappant
du néant de l'individualisme, et convergeant, par des essais d'association
de toute nature, vers la société véritable... Donc, citoyens représentants,
votre devoir, votre devoir absolu, sans l'observation duquel il n'y aura pas
pour vous grâce devant l'histoire et devant la postérité, c'est de proté-
ger avant tout la liberté des associations... L'Etat ne doit pas se considérer, suivant l'axiome des économistes de l'école anglaise, comme un
ulcère qu'il s'agit de circonscrire le plus possible ; il doit se considérer
comme le protecteur de la société... » (*Le Moniteur,* 31 août 1848.)

la politique n'ont rien entre elles de commun, et ni la morale ne peut espérer de s'insinuer dans le droit, ni le droit ne peut aspirer à devenir moral. « *Séparation du spirituel et du temporel* » : en cette formule équivoque, s'est venue condenser l'exégèse que nous dénonçons. Or, comme l'a fort bien montré Leroux, à aucun moment l'Église n'a entendu « séparer » le spirituel du temporel ; elle a toujours souhaité, au contraire, et, au besoin, exigé qu'ils marchassent d'accord. Accord des deux pouvoirs, accord de la morale et du droit : telle a été invariablement la doctrine de l'Église. On en pourrait accumuler les preuves. Ceux que la question intéresse liront avec profit le petit livre que Leroux a intitulé : *Malthus et les Économistes.* Les catholiques dits « sociaux » y trouveront, admirablement développées, quelques-unes de leurs thèses favorites (1).

---

(1) Ainsi, leur thèse sur l'*usure* : « Si Moïse, écrit Leroux, assimilant l'intérêt qu'on retire d'un capital à la guerre et à la conquête, permet aux Hébreux de prêter à intérêt aux peuples étrangers, leurs ennemis, et leur défend de se livrer à ce gain, qu'il qualifie de crime, envers leurs compatriotes, c'est apparemment que Moïse, ce divin législateur, savait que le capital est l'équivalent de la guerre et de la conquête. Si Jésus, dans le Sermon sur la montagne, répète le même précepte, et si dans toute sa doctrine il proscrit le lucre à l'égal de l'enfer, apparemment que le Sauveur des hommes savait bien que cela importait au salut du genre humain. Si les Pères, si les conciles, si toute l'Eglise jusqu'à ces derniers temps ont fulminé contre cet abus de la propriété, pour qu'une telle unanimité se rencontre pendant dix-huit siècles entre tous les représestants de l'humanité, il faut bien que la question soit grave et intéresse au plus haut point les destinées de cette humanité. Enfin si les légistes qui ont succédé aux docteurs du Droit canonique n'ont nullement varié sur ce point, si tous ont affirmé la vérité du dogme religieux, si tous en ont senti l'importance, si tous se sont plu à mettre ce dogme en lumière, soit dans leurs traités généraux sur le droit, soit dans leurs écrits spéciaux sur la matière du prêt, et si la législation civile a marché constamment d'accord avec les jurisconsultes et avec l'Eglise ; si aujourd'hui même le principe est encore conservé dans notre Code et dans nos lois accessoires ; si le Capital ne perçoit que par une tolérance de l'Etat ; si, mis en suspicion dans la pratique et nié en principe, il se montre ainsi ce qu'il est réellement, entièrement distinct et différent de la vraie propriété, n'est-ce pas qu'en effet, entre la notion de propriété et l'abus de la propriété connu sous le nom de capital, il

Nous avons dit pourquoi, à notre sens, la « religion» de Leroux n'avait aucune chance de s'imposer, et comment la base en était ruineuse. Mais si l'ensemble de sa construction est dénué de solidité, l'on a vu qu'on y peut discerner des parties résistantes, et de très beaux morceaux de tradition. Au reste, Leroux n'éprouvait, à l'égard de l'antique religion, ni aversion, ni dégoût ; et il eût trouvé naturel que l'on le considérât comme un réformateur soucieux simplement de la renouveler ou de la rajeunir. « Si, comme on le suppose, écrivait-il, le christianisme doit être le centre de formation de la religion de l'avenir, c'est donc que l'humanité marche vers un avenir religieux ; et, dans ce cas, il faut hâter cette transformation, cette explication, cette régénération du christianisme... Le christianisme doit, s'il le peut, s'élever, s'expliquer, se transfigurer (1). » Enfantin, le *Père* Enfantin, à qui les revers de sa fortune avaient servi de leçon et que l'âge et la retraite avaient fait raisonnable, émettait, vers la même époque, une opinion analogue ; et il ajoutait : « Se transformer, c'est se réformer par soi-même, tandis que lorsqu'on est réformé par autrui, on est tout simplement déformé, et le réformateur risque souvent d'être difforme comme Henri VIII, ou même comme Calvin (2). » Leroux n'eût peut-être pas écrit

n'y a pas cause commune, et que, tandis que l'une a paru nécessaire, équitable et bonne, l'autre a toujours paru injuste et pernicieux ? Quel accord dans toute la tradition pour condamner la base de l'économie politique anglaise ! » (*Malthus et les économistes*, p. 193-194.)

(1) Cf. J. de Maistre, *Considérations sur la France*, ch. V : « Il me semble que tout vrai philosophe doit opter entre ces deux hypothèses, ou qu'il va se former une nouvelle religion, ou que le christianisme sera rajeuni de quelque manière extraordinaire. C'est entre ces deux suppositions qu'il faut choisir, suivant le parti qu'on a pris sur la vérité du christianisme. »

(2) Ceux qui désireraient des renseignements plus complets sur le « néo-catholicisme » d'Enfantin pourraient se reporter à notre livre *le Droit des humbles*. Perrin, 1904, p. 143-150.

cela de son temps ; mais son œuvre n'y contredit pas
formellement. Cette œuvre est une suite d'essais, les-
quels se suivent sans toujours se ressembler. Leroux
apprenait tous les jours, et se dépassait continuelle-
ment. C'est ainsi qu'ayant découvert, à un moment
donné, les théories relatives à l'*usure,* et toute la
législation qui en est sortie, il cessa de dire que pour
l'Église, « la charité visait au ciel, non à la terre ».
De même, s'il se fût avisé, à un autre moment,
de l'existence de Vincent de Lérins, il n'eût sans
doute plus osé répéter que l'idée d'évolution ou de
progrès est « la grande découverte moderne » ; et
alors, la possibilité, non pas d'une refonte, mais d'une
explication, comme il l'a dit lui-même, et d'une trans-
figuration du christianisme eût achevé peut-être de
s'imposer à son esprit et de le fixer.

TABLE

1355-11. — Imp. des Orph.-Appr., F. Blétit, 40, rue La Fontaine, Paris.

PHILOSOPHES ET PENSEURS

COLLECTION DE VOLUMES IN-16 A **0** FR. **60** LE VOLUME

VIENNENT DE PARAITRE :

BERKELEY, par Jean Didier. Un vol. in-16 broché (n° 617). **0 60**
CONDILLAC, par le même. Un vol. in-16 broché (n° 627)... **0 60**
GUYAU, par Paul Archambault. Un vol. in-16 broché (n° 613). **0 60**
MALEBRANCHE, par J. Martin. Un vol. in-16 broché (n° 626). **0 60**

PRÉCÉDEMMENT PARUS :

ARISTOTE, par P. Alfaric. Un vol. in-16 broché (n° 337).. **0 60**
BUCHEZ (1796-1865), par G. Castella. Un vol. in-16 broché
(n° 582)..................... **0 60**
AUGUSTE COMTE, *sa vie et sa doctrine*, par Michel Salo-
mon. Un vol. in-16 broché (n° 255)...................... **0 60**
COURNOT, par F. Mentré, *professeur de philosophie*. Un
vol. in-16 broché (n° 440)...................... **0 60**
CH. DARWIN, par Emile Thouverez, *professeur à la
Faculté des lettres de Toulouse*. Deux vol. in-16 brochés
(n° 438-439)...................... **1 20**
EPICURE et l'Epicurisme, par Henri Lengrand, *professeur
de philosophie*. Un vol. in-16 broché (n° 389)............... **0 60**
J. G. FICHTE, par E. Beurlier, *agrégé de philosophie*. Un
vol. in-16 broché (n° 332)...................... **0 60**
CH. FOURIER, par A. Lafontaine. Un vol. in-16 broché
(n° 600)...................... **0 60**
GALILEE, par le baron Carra de Vaux. Un vol. in-16
broché (n° 503)...................... **0 60**
GOBINEAU, par A. Dufréchou. Un vol. in-16 broché (n° 412). **0 60**
TH. JOUFFROY, par Michel Salomon. Un vol. in-16 broché
(n° 413)...................... **0 60**
E. KANT, par Eugène Beurlier, *agrégé de l'Université*. Un
vol. in-16 broché (n° 236)...................... **0 60**
LEIBNIZ, par le baron Carra de Vaux. Un vol. in-16 bro-
ché (n° 422)...................... **0 60**
LEONARD DE VINCI, par le même. Un vol. in-16 broché
(n° 573)...................... **0 60**
JOHN LOCKE, par Jean Didier. Un vol. in-16 broché (n° 596). **0 60**
NEWTON, par le baron Carra de Vaux. Un vol. in-16 bro-
ché (n° 437)...................... **0 60**
PHILON-LE-JUIF, par M. Louis. Un vol. in-16 broché (n° 594). **0 60**
RENOUVIER, par Paul Archambault. Un vol. in-16 broché
(n° 598)...................... **0 60**
SOCRATE, par Georges Chantillon, *licencié ès lettres et
en philosophie*. Un vol. in-16 broché (n° 462)............... **0 60**
La Philosophie grecque avant Socrate, par Albert
Leclère, *professeur à l'Université de Berne*. Deux vol.
in-16 brochés (n° 480-481)...................... **1 20**
HERBERT SPENCER, par Emile Thouverez. Un vol. in-16
broché (n° 331)...................... **0 60**
BENOIT SPINOZA, par Ph. Borrell. Un vol. in-16 broché
(n° 595)...................... **0 60**
STUART MILL, par Emile Thouverez, *professeur à la Faculté
des lettres de Toulouse*. Un vol. in-16 broché (n° 362)...... **0 60**
H. TAINE, par Michel Salomon. Un vol. in-16 broché (n° 210). **0 60**

*Les N°° placés à la suite des volumes indiquent la numérotation
des ouvrages dans la Collection " Science et Religion ".*